はじめに

　消費者庁の支援を受けてスタートした神戸市コンシューマー・スクールで、2010 年から「高齢者と介護保険」の講義を担当し、2013 年度からはゼミも担当させて貰いました。ゼミでは、高齢者住宅法の改正によりスタートしたサービス付き高齢者向け住宅（サ高住と略す）を題材に、消費者保護 　　　　研究を開始しました。2014 年度からは、スクールを 　　　　　の有志と自主研究会「介護問題研究会」を定 　　　　エックリストを作成するとともに、2015 年度 　　　　　ェックリストの使い方を解説するブックレット 　　　　　　ッ高住の決め方」「サ高住の住み替え方」を信山社か 　　　　　　こもらいました。

　2019 年度には、介護問題研究会のメンバーがさらに増えたこともあり、2 チームに分かれて研究を継続していくことになりました。チーム 1 は「高齢期の住まいとリスク」、チーム 2 は高齢期の生活のために必要な「財産管理」をテーマとし、全体会とチームに分かれて定期的に研究会を開催するようになりました。しかし、2019 年度末にコロナ禍ゆえに研究会の開催が難しくなり、2020 年度からは、チーム 2 の指導をお願いしている甲南大学の冷水登紀代教授の協力のもと、オンラインで研究会を開催するようになりました。チーム 1 でも Zoom のアカウントを取得し、研究会を開催できるようにしました。

　その結果、何とか 2021 年度初めには「高齢期の住まいとリスク～自宅に住み続けるために～」のチェックリストとモデルケースができあがり、今回のブックレットの出版にこぎつけることができました。もっとも、全てが順調に行ったわけではなく、チーム 1 のメンバーは、住まいの相談や消費者相談を受けたりしてはいても、文章を書くことには慣れていないため、暗礁に乗り上げたりもしました。そのため、メンバー各人が「我が事」として、60 代 70 代の比較的元気な高齢者が自宅に住み続けることを前提に、楽しく書ける範囲で書いてもらうこととし、楽しく書けない部分は、私が書かせてもらいました。

　最後に、介護問題研究会の活動を支援してくれた神戸市、出版事情の厳しい中、出版を承諾してくださった信山社に対し、心からの謝意を表します。

2022 年 5 月　　　　　　　　　　　執筆者を代表して　本澤巳代子

目　次

この本の使い方

・定年退職の年齢（60 歳〜70 歳）を迎えた人が、10 年後を考えて自宅に住み続ける場合を想定して書かれています。

・はじめから順に読み進むことも、必要なところから読むこともできます。

・詳しい説明を知りたいときは、後ろの用語解説（50 音順）を参照してください。ページの欄外に「→Q1（P38）」と案内しています。

・5 つのモデルケースを使って、持ち家（マンション、一戸建て）や借家に住み続ける場合に考えておくべきリスクを紹介します。

    ①分譲マンション（築 10 年）で熟年離婚・一人暮らしの 71 歳男性
    ②分譲マンション（築 25 年）で一人暮らし・年金生活の 66 歳独身女性
    ③店舗付き二階建て住宅（築 40 年）で夫婦二人暮らしの 70 歳夫婦
    ④三階建て庭付き一戸建て住宅（築 25 年）で卒婚希望の 70 歳・69 歳夫婦
    ⑤文化住宅型借家（築 50 年）で夫婦二人くらしの 70 歳・68 歳の夫婦

・持ち家（一戸建て、マンション）の老朽化リスク、借家（民営、公営）の場合の立退きリスクや老朽化リスクについても考えます。

＊付録「高齢期の住まいとリスク〜これからも自宅に住み続けるために〜」
①高齢期の住まいとリスクのチェックリスト、使い方、相談先一覧の 3 部構成
②住まい（自宅内外）、環境、医療・介護、お金の項目ごとに質問して確認
③「高齢期の住まいとリスク〜これからも自宅に住み続けるために〜」全国版は本書・巻末に添付しています。また、神戸市の各種相談・支援機関等の連絡先を記した神戸市版は、神戸市ホームページからダウンロードできますので、下記のアドレスにアクセスして印刷してお使いください。

https://www.city.kobe.lg.jp/documents/2351/sumaitorisukurisuto.pdf

・A4 サイズ 4 ページ
・書き込み式
・大きな文字
・わかりやすい言葉
・親しみやすいイラスト

1　人生100年時代の老後

　人生100年時代を迎えると、50歳過ぎたあたりが人生の折り返し地点と言うことになります。しかし、その折り返し地点では、まだ子育て中であったり、住宅ローンを抱えていたり、親の介護に関わっていたり、多くの人が日々の現実問題に直面しているため、老後の生活を考える精神的・経済的ゆとりがないのが通常です。むしろ折り返し点を少し（10～15年）過ぎたころ、定年退職後の新しい生活を始める時期を迎えます。その時期の前後こそが、自宅での老後の暮らし方を真剣に考えてみるチャンスと言えます。

1-1　老後の理想と現実

・老後生活の理想

　人生100年時代における老後生活は、どのようなものでしょうか？大切な人に囲まれた生活、趣味を楽しむ生活、新しい出会いがある生活、誰かの役に立つ生活、お金に困らない生活など、各人の理想は様々だと思います。いずれにせよ、安心・安全で生きがいある暮らしをと願っているのではないでしょうか？

・老後生活の現実

　現実には、少子高齢化の急激な進展、一人暮らし高齢者の増加、高齢者を狙った悪徳商法、医療・介護の保険財源の不足、加齢に伴う骨折や認知症、コロナのような新しい伝染病、気候変動による高温や大雨、台風や地震といった自然災害など、私たちの社会には多様なリスクが存在しています。自分が気を付ければ避けられるリスクもありますが、避けようのないリスクもあります。

1-2　高齢化率の増加と高齢者単独世帯の増加

・高齢化率の増加

　総人口に占める65歳以上の高齢者の占める割合（高齢化率）は、1990年代半ばは15%程度でしたが、2020年には28.8%にまで増加しています。国立社

会保障人口問題研究所の2017年推計[1]によれば、高齢化率は2035年に32%、2065年には38.4%へと上昇します。私たちの世代以上に、子ども世代が高齢者になる時代は、高齢化の問題はより深刻になるということです。

・高齢者単独世帯の増加

　2020年版の厚生労働白書によれば、1989年には65歳以上の人のいる世帯のうち単独世帯14.8%、夫婦のみ世帯20.9%でしたが、2019年には単独世帯28.8%、夫婦のみ世帯32.3%といずれも急増しています。これに対し、三世代世帯は40.7%から僅か9.4%へと急激に減少しました。

　また、国立社会保障人口問題研究所の2018年推計[2]によれば、2015年から2040年の間に「単独」世帯の割合は34.5%から39.3%、「夫婦のみ」世帯は20.2%から21.1%へと上昇するとのことです。このうち、世帯主が65歳以上の高齢世帯が全世帯に占める割合は36.0%から44.2%、65歳以上世帯主に占める75歳以上世帯主の割合も46.3%から54.3%に増加するそうです。

・高齢者世帯の収入

　全世帯の平均所得金額は、1985年には493.3万円、1994年には664.2万円をピークに減少に転じ、その後若干持ち直したとはいえ、2018年は552.3万円でした。これに対し、高齢者世帯の平均所得金額は、1985年には210.6万円、1998年に335.5万円に達した後もほぼ横ばい状態で、2018年には312.6万円でした。

　2018年における平均所得金額の構成割合をみると、全世帯では「稼働所得」が74.3%を占めているのに対し、高齢者世帯では23.0%に過ぎず、「公的年金・恩給」が63.6%を占めていました。ちなみに、「公的年金・恩給」が総所得に占める割合が100%の高齢者世帯は、実に48.4%にのぼっています。

・子ども世代の厳しい現実

　子どもがいるから安心というわけにもいきません。厚生労働省「2019年国民生活基礎調査の概況」[3]によれば、1989年には専業主婦世帯Q1930万に対し、共働き世帯783万（42.3%）でしたが、1990年代半ばにほぼ半々とな

→Q1 (P45)

[1] http://www.ipss.go.jp/pp-zenkoku/j/zenkoku2017/p_zenkoku2017.asp
[2] http://www.ipss.go.jp/pp-ajsetai/j/HPRJ2018/t-page.asp
[3] https://www.mhlw.go.jp/toukei/saikin/hw/k-tyosa/k-tyosa19/index.html

り、2019年には共働き世帯が1245万（66.2%）となっています。すなわち、専業主婦世帯が当たり前だった私たちの世代と違って、子ども世代は共働き世帯が中心となっており、仕事と育児との両立が重要課題となっています。

夫婦共働きだから世帯収入が増加しているかというと、そうではありません。高齢者世帯以外の世帯の平均所得金額は、1985年には513.9万円でしたが、1996年に713.9万円とピークに達し、その後

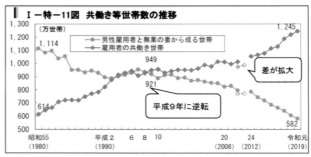

令和2年版男女共同参画白書（内閣府）

徐々に減少して2018年には659.3万円となっています。児童のいる世帯の場合でも、1985年の539.8万円から1996年の781.6万円に急増した後、徐々に減少して2018年には745.9万円となっています。子どもの生活費や教育費を考えれば、さらに親の介護費用を負担したり、まして共働き夫婦の一方が仕事を辞めて親の介護をしたりすることなど考えられません。

1－3　高齢期の住まいとリスク

・高齢者の現在の住まいと不安

内閣府「平成30年度高齢者の住宅と生活環境に関する調査結果」[4]によれば、「持ち家（一戸建て）」が81.4%で最も多く、「賃貸住宅（アパート、マンション、公営・公団の

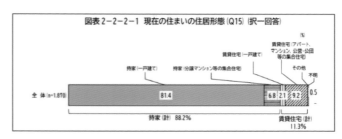

平成30年度高齢者の住宅と生活環境に関する調査結果（内閣府）

---

[4] https://www8.cao.go.jp/kourei/ishiki/h30/zentai/index.html

集合住宅）」が9.2%、「持ち家（分譲マンション等の集合住宅）」が6.8%、「賃貸住宅（一戸建て）」が2.1%でした。ただし、大都市では「持ち家（一戸建て）」は62.8%と低くなり、分譲マンション等の持ち家が6.5%、集合住宅の賃貸住宅が17.5%と高くなっています。

　住まいに関して不安と感じていることの有無については、「不安と感じていることがある」は、男性は60代前半で3割、女性は4割弱、75歳以上では男性2割、女性2割弱であり、男女とも年齢が上がると低くなる興味深い結果となりました。また、賃貸住宅（計）では36.5%と持ち家（計）の24.9%に比べて高く、町村では33.2%と他の都市規模（2割台半ば）に比べて高くなっています。住まいに不安を感じている人に、不安の具体的内容を質問したところ、「虚弱化したときの住居の構造」が27.3%、「世話をしてくれる人の存在」が23.0%、「住居の修繕費等必要な経費を払えなくなる」が22.8%でした。住まいで困っていることの解決方法を質問したところ、「リフォーム」が37.0%と最も高く、住み替えや親族との同居などもありましたが、「わからない」が21.7%と多くなっています。「わからない」の回答は男女とも70代以降で多くなり、75歳以上では男性の4分の1強、女性では3割強を占めています。

・身体が虚弱化したときに住みたい住宅

　上記の内閣府の調査結果によれば、身体が虚弱化したときに住みたい住宅（複数回答）としては、「現在の住居に、とくに改修などはせずにそのまま住み続けたい」が28.7%、「現在の住宅を改修して住みやすくする」が27.4%と多くなっています。次に住み替えとして、特別養護老人ホーム Q2 入居18.5%、サービス付き高齢者向け住宅 Q3 入居14.3%、介護付き有料老人ホーム Q4 入居12.2%があげられていますが、「子どもや親族などの家に移って世話をしてもらう」は僅か7.9%しかありませんでした。

　このように多くの高齢者は、現在の住居に住み続けたいと考えているのですが、国土交通省によれば、高齢者が居住する住宅のうち、「新耐震」「一定のバリアフリー」「断熱：二重窓または複層ガラスが1つ以上」を満たす住宅は約12%にとどまっているそうです。リフォーム時の年齢は60〜64歳がピーク、住み替えは80〜84歳がピークとなっているとのことですから、現在の住居に住み続けたいとの希望をかなえるためにも、現状を正しく認識し、リフォ

→Q2 (P45)
→Q3 (P45)
→Q4 (P45)

ームなどで対応できるところは早めに対応しておく必要があると言えます。

1−4　人生 100 年代　私の生き方

　人生 100 年時代と言われています。既に定年退職し 60 代・70 代の私たちが残りの人生を考える際、あと何年生きられるのか、そのうち健康に活動的に生きられるのは何年くらいか、目安が必要となります。まず主な年齢の平均余命（2020 年簡易生命表）と、2019 年時点の健康寿命 Q5 を確認してください。

　自分の平均余命と健康寿命が確認できたら、次は、消費生活マスター介護問題研究会が作成した「人生 100 年時代　私の生き方」を使って、「今の私」「10 年・15 年後の私」について客観的数値を記入し、将来の住まいについて考えてみましょう。これは、神戸市の消費生活講座や出前講義の際、参加者に最初に記入してもらい、高齢期の住まいに関する講義の後に見返してもらったり、後日、ゆっくり再考する際に役立ててもらったりしているものです。

主な年齢の平均余命（単位：年）

	女性	男性
0 歳	87.45	81.64
20	68.04	61.97
40	48.40	42.57
50	38.78	33.12
55	34.09	28.58
60	29.46	24.21
65	24.91	20.05
70	20.49	16.18
75	16.25	12.63
80	12.28	9.42
85	8.76	6.67
90	5.92	4.59

※健康寿命 (2019)

女性　75.5　歳

男性　72.6　歳

例：65 歳女性の場合

・今の私
　年齢　65 歳
　平均余命　24.9 年
　健康寿命まで　11 年

・10 年後の私
　年齢　75 歳
　平均余命　16 年
　健康寿命まで　0 年

人生100年時代　私の生き方

・　今の私

年齢　　　　歳、平均余命　　　　年、健康寿命まで　　　　　年

健康　　持病 _____

家族　配偶者　　歳　子ども　　　歳　その他 _____

経済　年間収入　　　　　　　円　年間支出　　　　　　　円　貯蓄　　　　　円

・　　年後の私

年齢　　　　歳、平均余命　　　　年　健康寿命まで　　　　　年

健康　　持病 _____

家族　配偶者　　歳　子ども　　　歳　その他 _____

経済　年間収入　　　　　　　円　年間支出　　　　　　　円　貯蓄　　　　　円

・　　年後に　どこで　誰と　どのように暮らしたい？

自宅？ 築　　　　年　リフォーム _____

地域の資源　友人 _____　店舗 _____

医療 _____　介護 _____

交通 _____　その他　居場所カフェ等

高齢者向け住宅？

生活 _____

医療・介護 _____

お金 _____

その他？ 子どもと同居？ _____

移住？　故郷にUターン？ _____

消費生活マスター介護問題研究会　2021年10月作成

2「高齢期の住まいとリスク チェックリスト」を活用しましょう

2−1「高齢期の住まいとリスク チェックリスト」の使い方と特徴

高齢期の住まいとリスク **チェックリスト**

～高齢期も自宅に住み続けるために～

＊具体的に住まいで起こるかもしれない問題をチェックしましょう

現在あなたの住まいは？… 戸建て／マンション 築（ ）年

10年後に住みたいのは？… 自宅／駅前マンション／高齢者施設への住み替え／その他

　あなたの住まいは戸建てですか。マンションですか。築年数によって、リフォームするか、建て替えるか、住み替えるか、選択肢が違ってきます。10年後のあなたは、どこで誰と暮らしたいですか。住み慣れた自宅？便利な駅近のマンションに住み替え？健康上の理由で高齢者施設へ住み替え？ほかの地域へ住み替え？選択肢は様々です。

　「まだどうするか決められない」という方は、現状のチェックから始めるのはいかがでしょうか。自宅が高齢期の住まいとしては性能が十分ではない場合もあります。リフォームも、健康で元気なうちに考えておきたいものです。

■チェックリストの特徴

　高齢期の住まいのリスクについて、最重要と思える項目に絞ったチェックリストを作成しました。4つの各項目をチェックすることで、自宅の状況を見直すだけではなく、今後のライフスタイルを考える目安になるかと思います。

■チェックリストの4つの項目とメモ

・住まいの項目：自宅の内部と外部に分けてリスクをチェック！

・環境の項目：近隣の環境のリスクをチェック！

・医療・介護の項目：これからのための医療・介護をチェック！

・お金の項目：家計に関するリスクをチェック！

メモ：チェックリストにない項目で確認したいことがあれば、メモ欄に書いておきましょう。

2－2 住まいの項目

1. 自宅内部

住まい ＊自宅のリスクをチェックしましょう

自宅内部

安全な日常・バリアフリー

＊自宅内で危ない！と感じるのはどのような所ですか…… 居間／寝室／廊下／階段／玄関／
風呂／トイレ／その他（　　　　　　　　　　　　）
＊自宅内で、どのような場面が危ない！と感じますか…段差がある／狭い／手すりがない／床材が
滑りやすい／暗い所がある／その他（　　　　　　　　　　）
＊背の高い家具に転倒防止対策をしていますか…している／まだしていない
＊玄関に歩行器や車いすが置ける場所がありますか……ある／狭い／物を置いている

温度環境・利用のしやすさ

＊温度差を感じる場所はありますか…廊下／居間／寝室／トイレ／浴室／脱衣所／その他
＊（部屋・床・壁）の傾きなど、不備を感じる場所はありますか…居間／寝室／廊下／その他
＊トイレ・浴室の利用に負担になっていることがありませんか…高さが負担（便器／浴槽）／
出入口の段差／扉の開閉／その他

設備の導入・更新

＊コンセントの数は足りていますか… はい／いいえ　少ないと思う場所…居間／寝室／その他
＊設備機器が古くなって使いづらくないですか……キッチン（コンロ）／冷暖房機器／扇風機／その他

余剰空間の活用

＊使っていない部屋やスペースがある……子供部屋／その他の場所

■安全な日常・バリアフリー
・国民生活センター[5]によると、65歳以上の高齢者事故のうち、約7割が住宅内で発生しています。事故には至らないものの、厚さ1センチほどのカーペットにつまずいたり、冬場にこたつ布団に足を取られたりする、階段を踏み外しそうになったり、玄関で転びそうになる、風呂場の濡れた床で滑りそうになるなど、自宅内での「ヒヤリハット」ポイントをチェックしましょう。
・筋力や視力が低下した高齢者は、夜間のトイレ移動も危険です。足もと灯や、手すりの設置も必要ですが、動線上に物を置かないことも大切です。
・阪神・淡路大震災で怪我をした人の約半数は、家具の転倒や落下が原因というう調査報告[6]があります。家具の固定とともに、置物などの落下物を家具の上に

---

[5]https://www.tyojyu.or.jp/net/kenkou-tyoju/koureisha-sumai/koreisha-jutakunaijiko.html
[6] https://www.fdma.go.jp/publication/database/kagu/post9.html

置かないようにしましょう。また、車椅子が必要になったときに、玄関に置き場所があるか確認しておきましょう。

■温度環境・利用のしやすさ
・国の調査[7]によると、高齢者の浴槽内での死亡者数は、交通事故死亡者数の約2倍です。入浴時の事故が多い原因の一つは、急な温度差による血圧の変化によるヒートショック Q6 です。浴室暖房など、更衣室と浴室の温度差が生じないようにしましょう。
・住まいの老朽化で部屋が徐々に傾斜して、めまい、頭痛、吐き気の症状が出ることがあります。部屋の傾きなどを確認しましょう。
・筋力が衰えると、トイレでの「しゃがむ、立ち上がる」動作が辛くなります。補高便座での高さ調節、支えになる手すりや頑丈なペーパーホルダーに取り替えて安全性を高めることができます。また、玄関や屋内ドアを引き戸にすると、杖や歩行器、車椅子を使用する場合に、通りやすくなります。

■設備の導入・更新
・在宅介護で使用する機器（介護用ベッドやコールスイッチ、ポータブルトイレなど）は複数の電源を必要としますので、寝室の定格電力の容量とベッド周りのコンセントの数が重要となります。
・トイレやキッチン、浴室の水回りは、適切に管理せずに長く使うと、水漏れや配管が腐食して、高額な修理が必要になる場合や、マンションの管理規約によりリフォームが難しい場合があります。日頃の点検や管理が重要です。

■余剰空間の活用
・高齢者は、子どもの独立などで余った部屋など、住まいの維持管理が次第に困難になってきます。快適で自分らしい生活を楽しむために、余った空間を趣味や友人等との交流などの場としたり、収納スペースとして利用したりすることを考えましょう。また、新型コロナウイルスに感染した際の、自宅内隔離が必要になるときにも、余剰空間が活用できるかもしれません。

---

[7] https://www.gov-online.go.jp/useful/article/202111/1.html

2. 自宅外部

自宅外部
特に戸建ての場合

＊築年月日は1981年（昭和56年）6月以降ですか……はい／いいえ
（建築基準法改正により1981年5月以前の建物は旧耐震基準となり、耐震性能に開きがある）
＊改築して壁や柱を一部撤去したことがありますか…ない／ある　（　　　　　）年ごろ
＊玄関から道路まで安心して移動できますか……階段がある／モノを置いている
＊木の部分の腐食・クラック・水漏れのシミがあって気になる……柱／外壁／　その他
＊庭の手入れをおっくうだと感じ、放置していませんか……手入れはできる／負担／業者に依頼

特にマンションの場合

＊エレベーターはありますか……ある／ない
＊管理規約や使用細則が手元にありますか……ある／もらったが紛失／知らない
＊リフォームには一定の制限があると知っていますか……知っている／知らない

■特に戸建ての場合

・住宅の耐震基準は建築基準法で規定され、1981年の法改正は1978年の宮城沖地震を、2000年の法改正は1995年の阪神・淡路大震災を反映しています。1980年までは「旧耐震基準」、1981年以降は「新耐震基準」、2000年以降は「現行耐震基準」と呼び、基準が強化されました。自宅が、どの基準で建てられたかを把握して、不安なときは専門家の耐震診断を依頼しましょう。

・改築時に、素人判断で壁や柱を安易に撤去すると危険な場合があります。木造住宅の場合には、耐力壁の強度にも留意しましょう。

・玄関から道路に安心して移動できるように、外階段の幅や階段前後のスペースをチェックしましょう。大きな段差は、今後の支障となるかもしれません。開閉が楽で通行しやすい玄関扉・門扉であるか、外出や来訪しやすい広さがあるのか確認しましょう。バリアフリー改修の手すりの取り付け、段差解消のためのスロープ設置などは、介護保険を利用して行うことができます。

・戸建て住宅は、マンションに比べると気密性が低いため、光熱費がかさむとともに、結露によるダニやカビの発生で住まいの劣化がすすむ可能性があります。木造住宅では、雨水配管の漏水、結露や湿気による腐朽とシロアリ被害などが、住宅の寿命に影響します。家の周りを見て、外壁の大きな亀裂、水漏れのシミ跡などを確認し、屋根や壁に傷、ひび割れ、塗装の剥がれなどがあれば、専門家に見てもらうとともに、床下とシロアリ被害の有無もチェックしてもらい

ましょう。

・庭の手入れは楽しみな反面、放置すると雑草や虫の発生などで近隣トラブルの一因となる場合もあります。庭木の繁茂で外からの侵入者が見えないと、セキュリティ面で不安です。たとえば、庭に防草シートを貼って砂利敷きにすれば足音がして防犯上有効ですし、雑草も生えにくくなります。また、ガラスを防犯仕様に変更したり、防犯フィルムを貼ったりする対策も有効です。

■特にマンションの場合

・マンションの場合、エレベーターの有無は重要です。高齢になって足腰が弱ると、荷物を持っての階段昇降や集合ポストの郵便物回収は、非常に負担になります。そのため外出が億劫になって活動性が低下し、認知能力にも問題が出ることが考えられます。特に低層階のマンションは、エレベーターがないことも多く、住み替えの原因にもなります。

・マンションの構造躯体は共用部分であり、バルコニーや窓サッシ、玄関ドアなどは共用の専有部分であるため、居住者の意思だけで勝手にリフォームできません。リフォームしたい場合は、管理規約の「専有部分の修繕」の項目を確認し、リフォームできる範囲や手続きについて、管理組合に計画段階で確認してから工事を行いましょう。給排水の位置やルートに気を付けないと、漏水トラブルを引き起こし、全体の被害に及ぶことがあるので注意が必要です。

・マンション管理の種類 Q7 には、自主管理・一部委託管理・全部委託管理があ→り、それぞれメリット、デメリットがあります。管理形態や管理費・修繕費などの予算管理、会計処理の方法なども、管理規約で確認しておきましょう。

・マンションは集合住宅ですから、生活音やゴミの放置などによる近隣トラブルが起こりやすいので、専有部分や共用部分の使用に関する使用細則が定められています。駐車場の利用や自転車置場などについても、規則が定められているのが一般的です。マンション生活に欠かせない管理規約や使用細則などを持っていない場合、あるいは紛失して手元にない場合には、管理組合に相談して再交付してもらいましょう。

2−3　環境の項目

■地域の災害リスク

・日本は自然災害が多く、地域によって経験する自然災害の種類も異なります。自分の人生を振り返って、どのような災害を経験したか、経験していない災害は何か、万一の場合に備えて確認しておきましょう。地域の過去の災害についても情報収集し、未経験の災害に対して、どのような備えや心構えが必要か、情報収集しておきましょう。

・大きな災害と言えば1995年の阪神・淡路大震災や2011年の東日本大震災がありますが、近い将来、首都直下地震や南海トラフ巨大地震が発生するといわれています。また、近年、河川や下水道の能力を超える豪雨が増えています。自宅のある地域の危険性を、ハザードマップで確認しましょう。

・ハザードマップが手元にない場合、市・区役所でもらっておきましょう。水害ハザードマップや市民防災マニュアルなどがあり、地震、津波、風水害などの想定される被害や身を守るための行動、安全対策、非常持ち出し品や地域の防災活動、避難所生活の心得、被災後の支援など詳細に書かれています。これらを活用して自宅の危険性を知り、避難所、移動手段、家族との連絡方法なども必ず確認しておきましょう。

■日常生活を送る上でのリスク

・日常生活では、食料品や日用品、薬局、スーパーなどの店舗が近くにあるか、確認しておきましょう。徒歩圏内に利用しやすい店舗があれば、買い物が日常生活での良い運動になります。また、食料品や日用品などの配送を行っているかも確認しましょう。

・最寄りの交通機関が、自分の10年後にも億劫にならない距離にあるか、確認しておきましょう。また、大規模スーパーや病院のなかには、利用者のための送迎バスを用意している場合があります。いつも利用する交通機関だけでなく、万一の場合に利用できる交通手段を確認しておきましょう。

■豊かなコミュニケーション

・近年の一人暮らし高齢者の増加により、国の調査[8]によると、60歳以上の一人暮らしで会話が「2〜3日に1回」以下なのは男性41%、女性32%、約140万人が「会話レス高齢者」となっている恐れがあります。夫婦二人暮らしも、やがては一人暮らしになります。何かあったときに、身近に相談できる人がいないことは、とても大きな問題です。家族、友人、近隣の人などとの交流を心がけ、戸建てなら町内会活動、マンションなら管理組合の活動にも積極的に参加し、ご近所付き合いを深めましょう。

・高齢期を元気に過ごすキーワードは、「きょうよう…今日用がある」と「きょういく…今日行くべきところがある」。外に出かけたり、人を招いたりしたりしているか、振り返ってみましょう。

・自宅に閉じこもることなく、外に出かけ、楽しい居場所作りを心がけましょう。お気に入りの喫茶店や趣味のサークル、定期的なスポーツ、地域のボランティア活動に出かけたり、自宅を地域住民や子ども達に開放するのも、豊かなコミュニケーションづくりにつながります。

・高齢期の健康維持や心の癒しには、犬や猫などのペットは、大変に重要な役割を果たします。しかし、毎日の犬の散歩などが負担になったとき、ペットとどう過ごすのか、いつまで一緒に生活できるのか、元気なうちから考えておきましょう。ペットは生き物であり、家族の一員でもあるからです。

---

[8] https://www8.cao.go.jp/kourei/pdf/ishiki/h20/kenkyu/gaiyo/pdf/kekka.pdf

2—4 医療・介護の項目

医療・介護 ＊これからのため医療・介護をチェックしましょう

医療について
＊かかりつけの医療機関がありますか…ある／(　　　　　　　　　　)病院／診療所／医院／ない
＊入院・手術等の時、代わって手続きをしてくれる人がいますか…いる／いない

介護について
＊地域の民生委員や地域包括支援センターを知っていますか…はい／いいえ
＊日常生活・金銭管理・福祉サービス等、困った時に相談できる「日常生活自立支援事業の団体」があります。
　近隣においては、窓口が市・区の社会福祉協議会となっています。知っていますか……はい／いいえ

■医療について
・元気で意欲的な高齢者（アクティブシニア）であっても、年齢を重ねるにつれて病気やケガのリスクが高まります。病気や体調について気軽に相談できる、かかりつけ医が近くにいるのか、訪問診療できるのか、など確認しておきましょう。また、口腔ケアのために訪問診療をしてくれる歯科医師も増えています。自宅近くの訪問歯科を確認してみましょう。
・入院や手術の際に自分でその手続きができない場合、誰に依頼できるか考えておくことが必要です。家族や親しい友人に相談しておきましょう。もちろん、入院や手術などをしなくても良いように、普段から健康管理を心がけ、もし病気やケガをしたら、回復するように取り組んで、それ以上悪化させないようにしましょう。

■介護について
・地域の相談先として、民生委員、地域包括支援センターQ8、地域福祉活動サポーターなどがあります。連絡先や所在を確認しておきましょう。日常生活に不便や困難が生じたときに利用できる介護保険サービスや、近くの地域包括支援センターの場所など、元気なうちに情報を集めておくことが大切です。 →Q8 (P46)
・日常的な金銭管理が不安になったときは、社会福祉協議会の日常生活自立支援事業Q9を利用できます。利用料は地域で異なり、日常的なお金の出し入れとともに福祉サービスの情報提供、契約手続きの援助までできますが、介護サービス事業者との契約代行はできません。なお、この事業を利用するには契約内容を理解できる、ある程度の判断能力が必要です。 →Q9 (P46)

2−5　お金の項目

```
お 金　＊家計についてのリスクをチェックしましょう
我が家の家計について
　＊家族と、お金の話、相続の話、をしたことがありますか………話す／話題にしない
　＊世帯の収入を把握していますか（年金・他の収入）
　　年金（　　　　　　　　／月）円　他の収入額（　　　　　　　　）円
セカンドライフへの貯えについて
　＊住宅にかかる費用を、具体的に知っていますか（税金・保険・賃借料等）…
　　税金（　　　　　　　／年）円　保険（　　　　　　　／年）円
　　賃借料（家賃）等（　　　　　　　／月）円　管理費（　　　　　　／月）円
　＊住まいのリフォーム、その資金を準備していますか
　　預貯金（　　　　　　　）円
　＊住み替えるときには自宅の売却も必要です。価格査定をしたことがありますか…ない／
　　ある場合の査定額　　　年　　月　　日（　　　　　　　　　）円
```

■我が家の家計について
・現在の家計の状態や今後の金銭的な問題について、家族で話し合うことが第一です。現状を把握し、自分が希望する老後の生活をイメージして、おおよその生活費の必要額を予想します。そのためには、どこに何がどれだけあるかを書き出す「財産目録」を作成しておくことが重要です。
・年金がいくらあるのか「ねんきん定期便」で確認します。公務員など共済組合に加入した場合「ねんきん定期便」のほかに、各共済組合から年金通知が定期的に送られてきます。企業年金や個人年金についても、定期的に支払い通知書が、保険会社などから送られてきます。本人の氏名・住所や死亡保険金の受取人とともに、家族登録した家族の氏名・住所なども確認しましょう。

■セカンドライフへの貯えについて
・自宅の維持・管理費用として、固定資産税・火災保険など、マンションの場合は管理費・修繕積立金、借家の場合は家賃・共益費など、書き出します。
・リフォーム費用は、金額が大きいので、自治体のリフォーム補助や税制上の優遇措置について検討し、市区町村の窓口などに相談してみましょう。
・将来、自宅を売却して住み替える可能性もありますので、専門家に価格査定を依頼して、不動産価値を知ることも必要かもしれません。

モデルケースを紹介するよ

3　モデルケースでチェックリストを使ってみよう

5つのモデルケースを通して高齢期の住まいとリスクを考えてみましょう。

Aさん（元警察官71歳）

　60歳の定年時に妻から離婚宣告され、分譲マンションで一人暮らし。脳梗塞の闘病中に地域のコミュニティを知り、生活を前向きに変えたよ。

Bさん（66歳の独身女性）

　58歳まで母を介護して看取り、定年退職を機に戸建てから近隣マンションに転居。バリアフリー改修もしたけど転倒して骨折。投資詐欺に遭ったことから近隣住民との関係づくりに努め、自分の希望をエンデイングノートに書いたよ。

Cさん夫婦（70歳）

　親が創業した書店は築40年の店舗付き住宅。阪神・淡路大震災で半壊し、借金して再建したけど廃業。自宅2階を終の棲家に決め、空き店舗を地域の居場所にするセカンドライフの夢のため、リフォームしたよ。

Dさん夫婦（夫70歳、妻69歳）

　マンションを売却し、駅近の土地に戸建て住宅を建設。夫婦ともに企業を定年退職した年金暮らし。夫は人生の最後は海のそばで暮らすぞと勝手に転居。妻は娘のそばの自宅で暮らしながら体力強化の毎日だよ。

Eさん夫婦　（夫70歳、妻68歳）

　地元高校を卒業後、就職して結婚、2人の子どもは独立。不況で失業後、再就職したが収入は減り、築50年の連棟式借家に住み続ける。雨漏りを修理してもらえないから引っ越したいけど、高齢者の借りられる賃貸住宅あるのかな。

3−1　Ａさんのケース

熟年離婚後に脳梗塞を発症し、地域で活躍する元警察官の男性

背景

　71歳のＡさんは、築15年の分譲マンション（3LDK）で一人暮らし。60歳で警察官を定年退職したときに、妻から突然離婚を切り出され別離。不摂生な生活を送っていたのが災いして、64歳で脳梗塞を発症し自宅療養します。その後、マンション管理組合の役員を引き受けたことをきっかけに地域に溶け込み、心身の健康を取り戻していきました。Ａさんの資産は、分譲マンション1800万円(ローン完済)、金融資産700万円、そして年金が毎月約20万円あります。

まさかの熟年離婚

　3歳年下の妻とは見合い結婚。妻は、結婚と同時に小学校教師を退職し、週に数回パート勤務。子どもには恵まれませんでしたが、夫婦円満と思っていました。しかし、Ａさんの60歳定年を機に、妻から突然離婚を切り出され、妻は、離婚による財産分与や年金分割について、専門家に相談するとともに、離婚後の生活を考えて、教師時代の同僚が立ち上げた塾への就職も決めていました。Ａさんは不本意ながらも離婚届に判を押しましたが、老後の貯えも年金も予定を大きく下回りました。

脳梗塞の発症で不自由な生活

　一人暮らしが4年ほど過ぎたある日、友人との会食時に倒れて救急車で病院に搬送。病名は脳梗塞。入院治療とリハビリを行いましたが、右半身麻痺の後遺症が残り、要介護認定は要支援2。マンションの室内は、バリアフリーなので杖歩行には問題ないのですが、家事は、右上肢が思うように動かないため、他者の支援が必要です。不自由な生活のストレスから、Ａさんは食事が進まず、体重も7キロ減り、タンパク質やエネルギーが不足する低栄養状態になり、ケアマネジャーから、夕食だけでも栄養バランスの良い宅配弁当をと勧められました。Ａさんは、日用品や食材を生活協同組合の宅配で購入し、訪問介護サービスでは作り置きの料理をお願いすることにしました。

地域社会で生きる決意

　マンションや地域で、挨拶をするだけでなく、親しく言葉を交わしたりする隣人が、少しずつ増えてきました。きっかけになったのは、マンションの管理組合の理事の順番が回ってきたことです。元警察官の経験を活かした防犯に関するチラシ作りや、イベントの企画など住民に喜ばれる活動を行いました。自分の経験が地域の人達の役に立つことが何より嬉しかったし、生活することの充実感につながりました。

リスクをチェックして、前向きに行動

　コロナ禍でマンションに籠ることも増え、少しの段差で躓くことが多くなりました。フレイル Q10 をチェックしたら、以前より当てはまる項目が増加していました。そこで、Aさんは、自宅をチェックして、玄関、キッチン、リビングのマットなどを取り除くことから始めました。さらに、「通所リハビリテーション（デイケア）」に週2回半日通うことにし、筋力トレーニングと柔軟体操に取り組みました。デイケアの理学療法士から、高齢者の風呂場での事故が多いと聞き、転倒防止のために浴室のドアを開き戸から折れ戸に変更し、手すりも設置しました。トイレも、立ち座りを支えるL字型手すりの取り付けを、介護保険の住宅改修を利用しました。→Q10
（P47）

　Aさんは以前よりスムーズに体を動かせるようになり、外出時もゆっくりなら杖なしで歩行できるまでに回復しました。デイケアの利用者に目が向けられるようになると、認知症や一人暮らしの方が、日常の金銭管理で困っていないのか、詐欺などのトラブルに巻き込まれていないのかと、元警察官らしい心配をするようになりました。

　Aさんは、自分がもしも認知症になったとき、金銭管理や介護・医療の契約などで弟や甥に迷惑をかけるのではないかと心配になり、自治体や弁護士会の資料を集めて勉強し始めました。あと何年このマンションに住み続けられるのかわかりませんが、地域のつながりという目に見えない財産を失うのは寂しく、これからも健康維持を心がけようと強く思っています。

高齢期の住まいとリスク　チェックリスト

～高齢期も自宅に住み続けるために～

＊具体的に住まいで起こるかもしれない問題をチェックしましょう

現在あなたの住まいは？… 戸建て／(マンション)　築(15)年

10年後に住みたいのは？… (自宅)／駅前マンション／高齢者施設への住み替え／その他

あなたと共に住まいも一緒に年を重ねていきます。これからも自宅で住み続けるために、住まいと暮しを見直してみませんか。 まずこのチェックリストで始めてみましょう。

住まい　＊自宅のリスクをチェックしましょう

自宅内部

安全な日常・バリアフリー

＊自宅内で危ない！と感じるのはどのような所ですか…… 居間／寝室／廊下／階段／玄関／(風呂)(トイレ)／その他（　　　　　　　　　　）

＊自宅内で、どのような場面が危ない！と感じますか……(段差がある)／狭い／(手すりがない)／床材が(滑りやすい)／暗い所がある／その他（　　　　）

＊背の高い家具に転倒防止対策をしていますか……(している)／まだしていない

＊玄関に歩行器や車いすが置ける場所がありますか……(ある)／狭い／物を置いている

温度環境・利用のしやすさ

＊温度差を感じる場所はありますか…廊下／居間／寝室／(トイレ)／(浴室)／(脱衣所)／その他

＊（部屋・床・壁）の傾きなど、不備を感じる場所はありますか…居間／寝室／廊下／その他

＊トイレ・浴室の利用に負担になっていることがありませんか…高さが負担（便器／浴槽）／出入口の段差／(扉の開閉)／その他　　手引

設備の導入・更新

＊コンセントの数は足りていますか… はい／(いいえ)　少ないと思う場所…居間／(寝室)／その他

＊設備機器が古くなって使いづらくないですか……キッチン(コンロ)／(冷暖房機器)／扇風機／その他

余剰空間の活用

＊使っていない部屋やスペースがある……子供部屋／(その他の場所)

自宅外部

妻の使った部屋

特に戸建ての場合

＊築年月日は1981年（昭和56年）6月以降ですか……(はい)／いいえ

（建築基準法改正により1981年5月以前の建物は旧耐震基準となり、耐震性能に開きがある）

＊改築して壁や柱を一部撤去したことがありますか…(ない)／ある　（　　　　　）年ごろ

＊玄関から道路まで安心して移動できますか……階段がある／モノを置いている

＊木の部分の腐食・クラック・水漏れのシミがあって気になる……柱／外壁／ その他

＊庭の手入れをおっくうだと感じ、放置していませんか……手入れはできる／負担／業者に依頼

特にマンションの場合

＊エレベーターはありますか……(ある)／ない

＊管理規約や使用細則が手元にありますか……ある／(もらったが紛失)／知らない

＊リフォームには一定の制限があると知っていますか……知っている／(知らない)

22

環 境　＊このまま住み続けられるか近隣のリスクをチェックしましょう

地域・日常生活

* 今までに大きな災害に見舞われたことがありますか……（地震）／火災／（台風）／　その他
* ハザードマップで、自宅地域の危険性を知っていますか……（水害）／（地滑り）／高潮／その他（　　　　　　　）
* 災害時の避難所・移動手段などを確認していますか……（知っている）／知らない
* 利用しやすい店舗―食料品・日用品・薬局が近くにありますか……ある／（ない）
* 最寄りの交通機関は近いですか……電車の駅／（バスの停留所）
　　　　最寄り駅（JROX）駅　家から徒歩（　20　）分

豊かなコミュニケーション

* 家族、親しい友人、近隣の人がいて、相談できますか…（できる）／近隣にいない／できない
* 外に出かける機会や、人を招く機会が減っていませんか…最近減った／変わらない／（増えた）
* 自宅以外、週に何回か楽しみに出かける場所を見つけていますか…喫茶店／居場所カフェ／地域・趣味のサークル／図書館／スポーツ施設／ボランティア活動／その他（リハビリティ　　　）
* ペットの世話が負担になっても、最後まで看取る自信がありますか…ある／ない
　　　　　　　　　　　　　　　　　　　　　　　　　　　　　　ペットなし

医療・介護　＊これからのため医療・介護をチェックしましょう

医療について

* かかりつけの医療機関がありますか…（ある）／（　　○X　　）病院／診療所／（医院）／ない
* 入院・手術等の時、代わって手続きをしてくれる人がいますか…いる／（いない）

介護について

* 地域の民生委員や地域包括支援センターを知っていますか…（はい）／いいえ
* 日常生活・金銭管理・福祉サービス等、困った時に相談できる「日常生活自立支援事業の団体」があります。
　　近隣においては、窓口が市・区の社会福祉協議会となっています。知っていますか…・（はい）／いいえ

お 金　＊家計についてのリスクをチェックしましょう

我が家の家計について

* 家族と、お金の話、相続の話、をしたことがありますか………話す／（話題にしない）
* 世帯の収入を把握していますか（年金・他の収入）
　　　年金（　20万　）／月　他の収入額（　　　　0　　　）円

セカンドライフへの貯えについて

* 住宅にかかる費用を、具体的に知っていますか（税金・保険・賃借料等）…
　　税金（98,000年）円　保険（10,500年）円　賃借料（家賃）等（　　　　）円　管理費（19,000）円
* 住まいのリフォーム、その資金を準備していますか
　　預貯金（　700万　）円
* 住み替えるときには自宅の売却も必要です。価格査定をしたことがありますか…（ない）／
　　ある場合の査定額　　年　月　日（　　　　　　　　）円

＊各場面の相談先は裏面に記載しておりますのでご参照ください。

メモ　チェック項目に加えて気になった事をMEMOしましょう。

手すりの取り付けをケアマネに相談する
管理組合に規約を確認する

余ってる部屋の活用や荷物の整理を考える

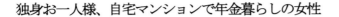

3-2　Ｂさんのケース

独身お一人様、自宅マンションで年金暮らしの女性

背景

　66歳のＢさんは、シングル女性。60歳で地元企業を定年退職した翌年に、中古の分譲マンションを購入して、月15万円の厚生年金で生活しています。預貯金も1,500万円ほどあり、現在は趣味の絵画を楽しんだり、友人と観劇に行ったり、旅行をして一人暮らしの生活を楽しんでいます。

両親を看取った後の中古マンション購入

　Ｂさんは、50年前に父親が購入した戸建て住宅で、親子3人で暮らしていましたが、15年前に父が病死、母と2人暮らしになりました。その後、母が要介護となり、数年間は介護と仕事を両立していましたが、58歳のときに母を看取りました。3年ほど、両親が遺した自宅で暮らしましたが、高齢女性が一人で一軒家に住み続ける難しさを感じ、近隣の中古マンションに住み替えを計画。

　Ｂさんは、中古マンションの情報があると、現地に出向き見学を重ね、見学の際は、建物の内外の状態だけではなく、管理組合の活動状況や管理費・修繕積立金等の確認を怠りませんでした。その結果、築20年7階建て4階部分にある2LDK・60㎡のマンションを購入。管理組合がしっかりしており、10年ごとに外壁塗装など大規模修理が行われ、玄関ホールや通路の照明もLED照明に交換していました。エレベーターはもちろん、宅配ボックスも完備。マンションの購入費1,900万円は、自宅の売却代金の一部を充てました。近隣マンションにしたので、土地勘もあり、医院・歯科医院もそのまま通院でき、同じ市内にあるので、介護保険や医療保険などの役所の手続きも簡単でした。

想定するリスクをチェックしてリフォーム

　マンションに入居する段階で、将来のためのリフォームを考えました。まず、管理組合に相談し、リフォーム工事に関する管理規約の規定を確認した上で、建物の構造等について十分な知識をもつ工事業者に依頼しました。

　リフォームは、玄関やトイレに手すりを設置、浴室のユニットを全面的に入

れ替え、床も滑り難い素材に交換しました。高齢になったときに火を使うのは危険と考え、IH コンロにしました。自宅での滞在時間が長くなることを予想して、居間の電灯等は LED 照明にして、暑さ・寒さ対策のために、リビングや寝室は複層ガラス窓にしました。これで光熱費の削減や結露を防ぐことができます。大幅なリフォーム工事となり、費用は全部で 500 万円ほどかかりましたが、自宅の売却代金の残金で賄うことができました。

判断能力の衰えと投資詐欺、さらなるリスクに備える

　B さんは、マンションに引っ越してきたばかりなので、近隣住民との関係は希薄になりがちです。そこで、マンションの会合や管理組合に積極的に参加したり、管理組合の役員を務めたりして、いままで交流のなかった住民とも知りあいました。今後は、地域のボランティア活動にも積極的に参加したいので、社会福祉協議会が紹介している「居場所カフェ」「子ども食堂」などを訪問し、本格的に活動を始めたいと思っています。

　B さんは、定年退職した頃とは違い、最近少し衰えを感じ始めています。昨年は、マンションの階段で転倒し骨折しました。また、旅行仲間の友人 M さんから「風力発電に投資すれば環境にも役に立つし配当もいい。」と誘われ、1 口分 100 万円を振り込みました。翌月には、銀行口座に 5,000 円が振り込まれた後は、配当金が振り込まれなくなりました。業者に電話しても連絡が取れません。預金金利が 0.01％という時代に、100 万円の投資で年 6 万円（年 6％）配当という高配当に騙されたのです。

　この一件で、B さんは、自分の判断能力にも年齢を感じるようになり、改めて今後の生活費のことを考えてみました。毎月の支出（基本生活費、税金、医療・介護保険料等）は、年金額の月 15 万円以内に納まるようにしています。現役時代に加入した 10 年確定型個人年金の給付金・年 60 万円ほどは、旅行や趣味の費用に充て、定期預金 1,500 万円は、今後考えられる病気や不意の出費に対する備えとして確保しています。もし、数年後に高齢者向け住まいや施設に入居することになったとしても、自宅マンションを売却または賃貸してその費用に充てることができます。お金の方は、何とかなりそうです。

高齢期の住まいとリスク　チェックリスト

~高齢期も自宅に住み続けるために~

＊具体的に住まいで起こるかもしれない問題をチェックしましょう

現在あなたの住まいは？…　戸建て／マンション　築（　　　　　）年

10年後に住みたいのは？…　自宅／駅前マンション／高齢者施設への住み替え／その他

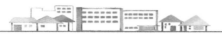

あなたと共に住まいも一緒に年を重ねていきます。これからも自宅で住み続けるために、住まいと暮しを見直してみませんか。まずこのチェックリストで始めてみましょう。

住まい　＊自宅のリスクをチェックしましょう

自宅内部

安全な日常・バリアフリー

＊自宅内で危ない！と感じるのはどのような所ですか……　居間／寝室／廊下／階段／玄関／(風呂)／(トイレ)／その他（　　　）

＊自宅内で、どのような場面が危ない！と感じますか……段差がある／(狭い)／手すりがない／床材が滑りやすい／(暗い所がある)／その他（　　　）

＊背の高い家具に転倒防止対策をしていますか…(している)／まだしていない

＊玄関に歩行器や車いすが置ける場所がありますか……ある／(狭い)／物を置いている

温度環境・利用のしやすさ

＊温度差を感じる場所はありますか…廊下／居間／寝室／(トイレ)／(浴室)／脱衣所／その他

＊（部屋・床・壁）の傾きなど、不備を感じる場所はありますか…居間／寝室／廊下／その他

＊トイレ・浴室の利用に負担になっていることがありませんか…高さが負担（便器／浴槽）／出入口の段差／(扉の開閉)／その他

設備の導入・更新

＊コンセントの数は足りていますか…はい／(いいえ)　少ないと思う場所…(居間)／寝室／その他

＊設備機器が古くなって使いづらくないですか……キッチン(コンロ)／冷暖房機器／(扇風機)／その他

余剰空間の活用

＊使っていない部屋やスペースがある……子供部屋／その他の場所　ない

自宅外部

特に戸建ての場合

＊築年月日は1981年（昭和56年）6月以降ですか……(はい)／いいえ
（建築基準法改正により1981年5月以前の建物は旧耐震基準となり、耐震性能に開きがある）

＊改築して壁や柱を一部撤去したことがありますか…(ない)／ある（　　　　）年ごろ

＊玄関から道路まで安心して移動できますか……階段がある／(モノを置いている)

＊木の部分の腐食・クラック・水漏れのシミがあって気になる……柱／外壁／その他　ない

＊庭の手入れをおっくうだと感じ、放置していませんか……手入れはできる／負担／業者に依頼

特にマンションの場合　マンションなのでない

＊エレベーターはありますか……(ある)／ない

＊管理規約や使用細則が手元にありますか……(ある)／もらったが紛失／知らない

＊リフォームには一定の制限があると知っていますか……(知っている)／知らない

環 境　＊このまま住み続けられるか近隣のリスクをチェックしましょう

地域・日常生活

- ＊今までに大きな災害に見舞われたことがありますか……(地震)／火災／(台風)／その他
- ＊ハザードマップで、自宅地域の危険性を知っていますか……(水害)／地滑り／高潮／その他（　　　　　）
- ＊災害時の避難所・移動手段などを確認していますか……(知っている)／知らない
- ＊利用しやすい店舗―食料品・日用品・薬局が近くにありますか……(ある)／ない
- ＊最寄りの交通機関は近いですか……電車の駅／バスの停留所
  　　最寄り駅（○○）駅　家から徒歩（１０）分

豊かなコミュニケーション

- ＊家族、親しい友人、近隣の人がいて、相談できますか…(できる)／近隣にいない／できない
- ＊外に出かける機会や、人を招く機会が減っていませんか…最近減った／(変わらない)／増えた
- ＊自宅以外、週に何回か楽しみに出かける場所を見つけていますか…喫茶店／居場所カフェ／地域・趣味のサークル／図書館／(スポーツ施設)／ボランティア活動／その他（　　　　　）
- ＊ペットの世話が負担になっても、最後まで看取る自信がありますか…ある／ない　ペットをかってない

医療・介護　＊これからのため医療・介護をチェックしましょう

医療について

- ＊かかりつけの医療機関がありますか…(ある)／（　　　　　）病院／診療所／医院／ない
- ＊入院・手術等の時、代わって手続きをしてくれる人がいますか…いる／(いない)

介護について

- ＊地域の民生委員や地域包括支援センターを知っていますか…(はい)／いいえ
- ＊日常生活・金銭管理・福祉サービス等、困った時に相談できる「日常生活自立支援事業の団体」があります。近隣においては、窓口が市・区の社会福祉協議会となっています。知っていますか……(はい)／いいえ

お 金　＊家計についてのリスクをチェックしましょう

我が家の家計について

- ＊家族と、お金の話、相続の話、をしたことがありますか………話す／(話題にしない)
- ＊世帯の収入を把握していますか（年金・他の収入）
  　　年金（　15万／月）円　　他の収入額（　5万／月）円

セカンドライフへの貯えについて　10万/月

- ＊住宅にかかる費用を、具体的に知っていますか（税金・保険・賃借料等）…
  　　税金（　12万／年）円　保険（　1.8万／年）円
  　　賃借料（家賃）等（　0／月）円　管理費（　0／月）円
- ＊住まいのリフォーム、その資金を準備していますか
  　　預貯金（　300万　）円
- ＊住み替えるときには自宅の売却も必要です。価格査定をしたことがありますか…(ない)
  　　ある場合の査定額　　年　月　日（　　　　　）円
- ＊各場面の相談先は裏面に記載しておりますのでご参照ください。

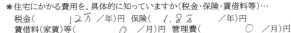

メモ　チェック項目に加えて気になった事をMEMOしましょう

- 二重窓にしたので居間・寝室は、冬は暖く過せるようにした。
- マンションの管理費・積立金や税金・健康保険料、介護保険料の負担が思ったより大きい

27

3-3　Ｃさん夫婦のケース

本屋を廃業し、１階店舗で居場所づくりする夫婦

背景

　Ｃさん夫婦はともに70歳。一人息子（42歳）は独立し他県に居住。夫婦は、商店街のはずれで、69歳まで本屋の仕事を続けました。生涯現役のはずが、病気と年齢も考え家業を廃業し、店の２階で暮らしています。毎月の収入は、夫婦の国民年金と個人年金を併せて20万円程度。Ｃさん夫婦の現有資産は、預貯金が約800万円、1980年建築の店舗付き住宅が1,800万円程度。勉強しながら増やした有価証券300万円弱があります。

これまでのくらしと地域の災害リスク

　Ｃさんの父の代から営む本屋は、築40年以上。商店街のメイン通りから一筋入ったところにあり、静かで住む環境には問題がありません。妻は世話好き、おしゃべり好きで、店は近所のたまり場でした。地域との関わりも深く、本屋の収入で順調に暮らしていましたが、1995年の阪神・淡路大震災で半壊判定。災害復旧貸し付け、中小企業の融資制度を利用してローンを組み、建物と店の修復をすませ、半年後に店を再開しました。地道に営業を続けローンも完済。しかし、ハザードマップによると、居住地域が、台風、豪雨により下水道の処理能力が低下し、排水ができない「内水氾濫」Q11というのが気になります。

廃業の決断と今後の暮らしのためのリフォーム

　Ｃさんは医師から緑内障と診断され、手術をしましたが完治は見込めません。今後の視力低下を予想して69歳で廃業を決めました。一人息子が独立したので、夫婦二人には２階の居室がちょうどいい広さ。駅や病院も近く、買い物も便利です。居住する２階と１階をバリアフリー改修して、余剰空間になった１階の活用を考えながら、自宅で最後まで暮らしたいと思います。長年、休みもなく働いたので、廃業後の１年間は旅行を存分に楽しみましたが、老後資金の一部を使い込んでしまいました。

　その頃から、１階の空きスペースに、近所の仲間が「おーい、いるのか」と立

28

ち寄りはじめ、長話していきます。大きな机を置くと、地元の同級生や妻の陶芸仲間、二人の共通の友人が集まり始めました。次第に、仲間の居場所となり、集まりが定期的になり、出入り口をオープンにしました。すると、本屋時代に、絵本選びの相談に来ていた若い親子グループが「今度私達も来ていいですか」と仲間入り。本格的に店の1階を開放すれば、楽しく自由に暮らせ、夢のあるセカンドライフが実現できます。一番の課題はリフォーム費用。住まいと暮らしを見直し、有価証券を解約して費用を捻出し、1階は友人達のDIYで、思ったより少額で改修することができそうです。

「高齢期の住まいとリスクチェックリスト」の活用

　チェックリストを参考に、Cさんは地域の居場所づくりへのリフォームを計画。1階に残る作り付けの本棚を利用して、2階に置いた蔵書を、仲間の協力を得て、移動を完了。さあ次は…といろいろなプランが浮かびます。リフォームに取り掛かる前に、旧耐震基準で建てられた建物の安全性確認のため、市の補助を利用して無料耐震診断を受けました。診断の結果、建物に問題はなく、安心してリフォームできます。

　1階トイレを、車いす使用ができるように引き戸に改修。危険な2階への急階段は、途中に安全な踊り場を作り、座り込んで本を読めるように、本棚を設置。子どもたちに人気の場所になりました。安全性に加えて、運動とリハビリ効果も兼ねて、階段には握りやすい手すりを取り付け。子ども達が踊り場以上に登らないルールも決めました。壁や床は、彩度や明度にメリハリをつけ、階段下の2畳半ぐらいのスペースに小上がりの畳の間を作り、本を読める空間としました。1階の本棚に、妻たちが作る陶芸作品を並べると大好評です。

　2階の居住空間のトイレと浴室以外は、可動式間仕切りに変更して広く使えるように工夫しました。水回りは、5年前に機器を入れ替えたので、そのまま使えます。地震の際に不安だった2階の蔵書も1階に移動でき、家具の転倒を懸念して壁面収納を設置したので、妻は大喜びです。

　足腰が衰えても、自宅で集いの場を提供すれば、広い年代から様々なエネルギーをもらえます。70歳からの10年を地域の人たちと一緒に楽しく過ごせる、居場所を提供できることが夫婦の喜びであり、生きがいとなりました。

高齢期の住まいとリスク　チェックリスト

~高齢期も自宅に住み続けるために~

＊具体的に住まいで起こるかもしれない問題をチェックしましょう

現在あなたの住まいは？… 　戸建て／マンション　築(4/)年

10年後に住みたいのは？… 　(自宅)／駅前マンション／高齢者施設への住み替え／その他

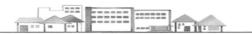

あなたと共に住まいも一緒に年を重ねていきます。これからも自宅で住み続けるために、住まいと暮しを見直してみませんか。　まずこのチェックリストで始めてみましょう。

住まい　＊自宅のリスクをチェックしましょう

自宅内部

安全な日常・バリアフリー

＊自宅内で危ない！と感じるのはどのような所ですか…… 居間／寝室／(廊下)／(階段)／玄関／
風呂／トイレ／その他 (脱衣スペースがせまい　　　　　)

（手書き）物を置いている
（手書き）急で幅がせまい

＊自宅内で、どのような場面が危ない！と感じますか…(段差がある)／狭い／手すりがない／床材が
滑りやすい／(暗い所がある)／その他 (　　　　　　　　)

＊背の高い家具に転倒防止対策をしていますか…している／(まだしていない)

＊玄関に歩行器や車いすが置ける場所がありますか…(ある)／狭い／物を置いている

温度環境・利用のしやすさ

＊温度差を感じる場所はありますか…廊下／(居間)／寝室／トイレ／浴室／(脱衣所)／その他

＊（部屋・床・壁）の傾きなど、不備を感じる場所はありますか…居間／寝室／廊下／その他

＊トイレ・浴室の利用に負担になっていることがありませんか…高さが負担（便器／浴槽）／
(出入口の段差)／扉の開閉／その他

設備の導入・更新

＊コンセントの数は足りていますか… はい／(いいえ)　少ないと思う場所…居間／(寝室)／その他

＊設備機器が古くなって使いづらくないですか……キッチン(コンロ)／(冷暖房機器)／扇風機／その他

余剰空間の活用

＊使っていない部屋やスペースがある……子供部屋／(その他の場所)

（手書き）1階空店舗

自宅外部

特に戸建ての場合

＊築年月日は1981年（昭和56年）6月以降ですか……はい／(いいえ)
（建築基準法改正により1981年5月以前の建物は旧耐震基準となり、耐震性能に開きがある）

＊改築して壁や柱を一部撤去したことがありますか…(ない)／ある(　　　　　)年ごろ

＊玄関から道路まで安心して移動できますか……階段がある／(モノを置いている)

＊木の部分の腐食・クラック・水漏れのシミがあって気になる……柱／外壁／(その他 2階のベランダ)

＊庭の手入れをおっくうだと感じ、放置していませんか……手入れはできる／負担／業者に依頼

特にマンションの場合

（手書き）庭はないが2階のベランダに植木を置いている

＊エレベーターはありますか……ある／ない

＊管理規約や使用細則が手元にありますか……ある／もらったが紛失／知らない

＊リフォームには一定の制限があると知っていますか……知っている／知らない

環 境 ＊このまま住み続けられるか近隣のリスクをチェックしましょう

地域・日常生活
* 今までに大きな災害に見舞われたことがありますか……（地震）／火災／（台風）／その他
* ハザードマップで、自宅地域の危険性を知っていますか……水害／地滑り／高潮／（その他）（内水はん乱）
* 災害時の避難所・移動手段などを確認していますか……（知っている）／知らない
* 利用しやすい店舗─食料品・日用品・薬局が近くにありますか……（ある）／ない
* 最寄りの交通機関は近いですか……電車の駅／バスの停留所
　　　最寄り駅（地下鉄）駅　家から徒歩（　6　）分

豊かなコミュニケーション
* 家族、親しい友人、近隣の人がいて、相談できますか…（できる）／近隣にいない／できない
* 外に出かける機会や、人を招く機会が減っていませんか…最近減った／変わらない／（増えた）
* 自宅以外、週に何回か楽しみに出かける場所を見つけていますか…（喫茶店）／居場所カフェ／（地域・趣味のサークル）／図書館／スポーツ施設／ボランティア活動／その他（　　　　　）
* ペットの世話が負担になっても、最後まで看取る自信がありますか…ある／ない　ペットは飼う予定はない。

医療・介護 ＊これからのため医療・介護をチェックしましょう

医療について
* かかりつけの医療機関がありますか…（ある）／（○○○　市民）病院／診療所／医院／ない
* 入院・手術等の時、代わって手続きをしてくれる人がいますか…（いる）／いない

介護について
* 地域の民生委員や地域包括支援センターを知っていますか…（はい）／いいえ
* 日常生活・金銭管理・福祉サービス等、困った時に相談できる「日常生活自立支援事業の団体」があります。
　近隣においては、窓口が市・区の社会福祉協議会となっています。知っていますか……（はい）／いいえ

お 金 ＊家計についてのリスクをチェックしましょう

我が家の家計について
* 家族と、お金の話、相続の話、をしたことがありますか………（話す）／話題にしない
* 世帯の収入を把握していますか（年金・他の収入）
　年金（夫婦で/2万）／月　他の収入額（個人年金夫婦で）円
　　　　　　　　　　　　　　　　　　　8万

セカンドライフへの貯えについて
* 住宅にかかる費用を、具体的に知っていますか（税金・保険・賃借料等）…
　税金（11万5千）円 保険（1万5千）円 賃借料（家賃）等（　なし　）円　管理費（　なし　）円
* 住まいのリフォーム、その資金を準備していますか
　預貯金（　100万　）円 有価証券 200万円
* 住み替えるときには自宅の売却も必要です。価格査定をしたことがありますか…ない／
　ある場合の査定額2019年4月1日（　18000万　）円

＊各場面の相談先は裏面に記載しておりますのでご参照ください。

> メモ　チェック項目に加えて気になった事をMEMOしましょう。
> 2階への階段が急であぶない。→スキップフロアにしたい
> 外出時の必需品が置ける網戸を1階脇に作りたい
> 2階はシンプルな間取りに変更する。
> 1階は床材がすべらない素材にする。

3−4　Dさん夫婦のケース

夫は海のそば、妻は都会の自宅で暮らす夫婦

背景

　Dさん69歳と夫70歳は、1995年の阪神・淡路大震災を機に、15年間住んだマンションを売却しました。マンションは無事でしたが、もし建て替えが必要な災害にあった場合、その手続きの煩雑さに不安を覚えたためです。翌年の1996年に駅から徒歩5分の土地を購入し、注文住宅を建てて移り住みました。夫婦は、すでに両親を見送り、独立した娘二人は自宅から近距離の場所に住んで、思いつくままに顔を見せてくれます。

　夫婦はそれぞれ一般企業を定年退職し、厚生年金を月15万円ずつ受給しています。夫婦で月30万円の年金収入があり、住宅ローンもないので、かなり余裕のある生活を送ることができます。預貯金は夫婦で約3,000万円です。

海のそばで暮らしたい夫

　Dさんの夫は70歳の誕生日を迎えた日に「俺たちの人生も最終章に入っているのだな。あと10年も生きられればいい方だと思う。俺は残り少ない日々を海のそばで暮らしたい。」と言い出しました。海辺の散歩、魚釣り、ウィンドサーフィンなど海のそばで癒される日々を過ごしたいとのこと。「70歳から田舎暮らしなんて、とんでもない」と思いましたが、妻の意見を聞くような夫ではないので、たった一つ条件を出しました。田舎暮らしの住居は賃貸物件にするということです。病気や事故など何かあれば、田舎での一人暮らしに無理が生じます。賃貸物件にしておけば、住み替えも容易だからです。

都会の自宅で、娘たちの近くに住み続けたい妻

　Dさんは25年間住み続けてきた愛着のある自宅に、できる限り住み続けたいと思っています。しかし、夫が海のそばの借家に引っ越すと、一人暮らしとなります。娘たちが近距離に住んでいるとはいえ、二人とも仕事をしているので、できる限り自立した生活を維持したいと思っています。娘たちには、夫の希望を伝えるとともに、自分自身の希望も伝えました。夫の性格を知る娘たちも、

両親の卒婚による一人暮らしを受け入れてくれました。

卒婚後の夫の住まいとリスク

　海のそばで暮らすことは、災害時のことも考えておかなければなりません。心配した妻や娘たちに言われ、さすがに夫も調べてみることにしました。夫は賃貸物件の仲介業者に依頼し、考えられる自然災害の種類や災害時の対応などについて、説明してもらうことにしました。美しい海を眺められるところは、津波の可能性があります。津波が起きたら、とりあえず高いところに駆け上がらなければなりませんが、高齢になったら高いところに駆け上がれなくなるかもしれませんし、賃貸住宅自体も流されてしまうかもしれません。高台の賃貸住宅に住む方がいいのかもしれませんが、それでは海が遠くなってしまいます。

　また、海の近くで身体を動かし、海を見ながら心を癒されるとしても、さらに高齢になったときには、医療や介護が必要になるかもしれません。先々のことは分かりませんが、心配する妻や娘たちのために、夫は移住後に、海の見える介護付き有料老人ホームQ4を探すと言っています。

→Q4
(P45)

卒婚後の妻の住まいとリスク

　Dさんは、60代で始めたボランティア活動で週1回の事務作業を手伝ったり、食育に関する地域活動も細々と続けたりしています。さらに高齢になったときの万一を考えると、往診をしてくれ、検査設備がある病院との連携があるような「かかりつけ医」を見つけておくことが必要です。防犯と見守りサービスの契約も検討しています。自宅に住み続ける場合、最大のリスクは階段です。自宅は狭小敷地の3階建て住宅で、2階が生活空間です。階段が上がれなくなれば、住み替えとなります。元気なうちに住み替え先を選定し、資金計画を立てることが最善策と考えました。自宅売却の検討と査定を依頼するつもりです。

高齢期の住まいとリスク　チェックリスト

～高齢期も自宅に住み続けるために～

＊具体的に住まいで起こるかもしれない問題をチェックしましょう

現在あなたの住まいは？…　戸建て／マンション　築（ 25 ）年

10年後に住みたいのは？…　自宅／駅前マンション／高齢者施設への住み替え／その他

あなたと共に住まいも一緒に年を重ねていきます。これからも自宅で住み続けるために、住まいと暮しを見直してみませんか。　まずこのチェックリストで始めてみましょう。

住まい　＊自宅のリスクをチェックしましょう

自宅内部 🏠

安全な日常・バリアフリー

＊自宅内で危ない！と感じるのはどのような所ですか……　居間／寝室／廊下／階段／玄関／
風呂／トイレ／その他（　　　　　　　　　　　　）

＊自宅内で、どのような場面が危ない！と感じますか……段差がある／狭い／手すりがない／床材が
滑りやすい／暗い所がある／その他（　　　　　　　　　）

＊背の高い家具に転倒防止対策をしていますか…している／まだしていない

＊玄関に歩行器や車いすが置ける場所がありますか…・ある／狭い／物を置いている

温度環境・利用のしやすさ

＊温度差を感じる場所はありますか…廊下／居間／寝室／トイレ／浴室／脱衣所／その他

＊（部屋・床・壁）の傾きなど、不備を感じる場所はありますか…居間／寝室／廊下／その他

＊トイレ・浴室の利用に負担になっていることがありませんか…高さが負担（便器／浴槽）／
出入口の段差／扉の開閉／その他

設備の導入・更新

＊コンセントの数は足りていますか…・はい／いいえ　少ないと思う場所…居間／寝室／その他

＊設備機器が古くなって使いづらくないですか……キッチン（コンロ）／冷暖房機器／扇風機／その他

余剰空間の活用

＊使っていない部屋やスペースがある……子供部屋／その他の場所

自宅外部 🏠

特に戸建ての場合

＊築年月日は1981年（昭和56年）6月以降ですか…・はい／いいえ
（建築基準法改正により1981年5月以前の建物は旧耐震基準となり、耐震性能に開きがある）

＊改築して壁や柱を一部撤去したことがありますか・ない／ある　（　　　　　　　　）年ごろ

＊玄関から道路まで安心して移動できますか……階段がある／モノを置いている

＊木の部分の腐食・クラック・水漏れのシミがあって気になる……柱／外壁／　その他

＊庭の手入れをおっくうだと感じ、放置していませんか……手入れはできる／負担／業者に依頼

特にマンションの場合

＊エレベーターはありますか……ある／ない

＊管理規約や使用細則が手元にありますか……ある／もらったが紛失／知らない

＊リフォームには一定の制限があると知っていますか……知っている／知らない

環　境　＊このまま住み続けられるか近隣のリスクをチェックしましょう

地域・日常生活

＊今までに大きな災害に見舞われたことがありますか……地震／火災／台風／その他
＊ハザードマップで、自宅地域の危険性を知っていますか……水害／地滑り／高潮／その他（　　　　）
＊災害時の避難所・移動手段などを確認していますか……知っている／知らない
＊利用しやすい店舗─食料品・日用品・薬局が近くにありますか……ある／ない
＊最寄りの交通機関は近いですか……電車の駅／バスの停留所
　　最寄り駅（　　　）駅　家から徒歩（　5　）分

豊かなコミュニケーション

＊家族、親しい友人、近隣の人がいて、相談できますか…できる／近隣にいない／できない
＊外に出かける機会や、人を招く機会が減っていませんか…最近減った／変わらない／増えた
＊自宅以外、週に何回か楽しみに出かける場所を見つけていますか…喫茶店／居場所カフェ／地域・趣味のサークル／図書館／スポーツ施設／ボランティア活動／その他（　　　　）
＊ペットの世話が負担になっても、最後まで看取る自信がありますか…ある／ない

医療・介護　＊これからのため医療・介護をチェックしましょう

医療について

＊かかりつけの医療機関がありますか…ある／（　　　　　　　　　）病院／診療所／医院／ない
＊入院・手術等の時、代わって手続きをしてくれる人がいますか…いる／いない

介護について

＊地域の民生委員や地域包括支援センターを知っていますか…はい／いいえ
＊日常生活・金銭管理・福祉サービス等、困った時に相談できる「日常生活自立支援事業の団体」があります。
　　近隣においては、窓口が市・区の社会福祉協議会となっています。知っていますか……はい／いいえ

お　金　＊家計についてのリスクをチェックしましょう

我が家の家計について

＊家族と、お金の話、相続の話、をしたことがありますか……話す／話題にしない
＊世帯の収入を把握していますか（年金・他の収入）
　　年金（　30万　）／月　他の収入額（　　　　　　　　　）円

セカンドライフへの貯えについて

＊住宅にかかる費用を、具体的に知っていますか（税金・保険・賃借料等）…
　　税金（年10万　）円　保険（年28,000）円　賃借料（家賃）等（　　　　　）円　管理費（　　　　）円
＊住まいのリフォーム、その資金を準備していますか
　　預貯金（　3000万　）円
＊住み替えるときには自宅の売却も必要です。価格査定をしたことがありますか…ない／
　　ある場合の査定額　　年　月　日（　　　　　　　　　）円

＊各場面の相談先は裏面に記載しておりますのでご参照ください。

> メモ　チェック項目に加えて気になった事をMEMOしましょう。
>
> いザードマップは、市の危機管理室から配付されました。
> 水害のリスクはありますが、2階に避難でOK。
> 避難アプリの記載もありました。
> かかりつけ医はいるが、往診がない。かかりつけ歯科は
> 自宅まで来てくれる。歯科は送迎あり。
> 自宅の価格査定　検討中。税理士と相談して（住み替え先の資金計画を考える。
> 自力で階段で2階に昇れるよう、脚力・筋力強化が最も重要。手すりはつけようかな。

35

3-5　Eさん夫婦のケース

賃貸住宅に暮らし続けるには課題がある夫婦

背景

　Eさん70歳と妻68歳は、子ども2人が既に独立したため、築50年の連棟式賃貸住宅に二人だけで住んでいます。Eさんは地元工業高校卒業後、就職して都市近郊で暮らしてきました。職場の同僚に紹介された女性と結婚し、2人の子どもにも恵まれました。預貯金は約350万円、年金は夫婦で月20万円足らずのため、Eさんは 週に4日程アルバイトをし、月に10万円弱の収入があります。しかし、家賃は7万円ほどで、医療費、光熱費、食費などを考えると月の支出は23万円以上あります。少しは貯蓄できそうですが、実際のところは難しい状態です。

これまでの状況

　子どもが生まれたときに、現在の賃貸住宅に住み始めました。4人家族で2DKは手狭で家賃も高めでしたが、駅に近く会社からの家賃補助もあり、快適な住環境でした。その後、郊外に戸建て住宅の購入を考えましたが、バブル景気で地価が最高値でとても手が出ませんでした。バブルが弾けて土地も安くなり始め、もう少し待てばより安くなるのではと思ってタイミングを計っていましたが、勤め先の大規模なリストラで職を失い、住宅購入は頓挫しました。
　再就職しましたが、給与は大幅に低下。子どもの進学などもあり、ますます住宅購入は難しくなりました。さらに1995年の阪神・淡路大震災の影響で住宅の供給状況も思わしくなく、現在の住居に住み続けてきました。住宅は木造2階建て連棟式の借家で、夫婦二人ではやや広く家賃は少し負担ですが、病院や長年の人間関係から他に引っ越すことは次第に難しくなっています。

リスクと問題の認識

　年齢を重ねるにつれ、2階部分の使用が減り、トイレも1階にしかないなど、高齢者が暮らす不便さはあります。住み続けるためのリフォームが大家の承諾なしにできないとしても、親の介護経験から工事をしなくても福祉用具の

36

手すりで代替できることなども知っていたため、必要に応じて福祉用具を活用すれば、暮らせるのではないかと考えていました。また、家賃さえ上がらなければ、何とかなるかと楽観視していました。

　木造2階建て連棟式の建物は、築50年を超えるためか、ある日、台風の直撃で屋根や壁からひどい雨漏りがしました。その後も、雨が降れば雨漏りするので、大家に修繕を依頼しましたが、高齢の大家は、建物自体を取り壊したいと考えていました。むしろ、自分に何かあったら、複数の相続人間で権利関係が複雑になるから、Eさんが建物を買い取らないかとの申し出がありました。そこで、知り合いの建築士に雨漏りの原因を調べてもらったところ、1995年の阪神・淡路大震災による損壊と経年劣化によることが判明し、修繕よりも住み替えを勧められました。

問題と向き合い、解決策を探す

　Eさん夫婦は、高齢で金銭的にも厳しいので、取りあえず建物を大家に修繕してもらい住み続けたい意向ですが、大家と何をどのように話し合うべきかわからず、市役所での市民無料法律相談に出向きました。法律相談でわかったことは、借家人の権利は強く守られており、大家に雨漏りを修繕してもらって、そのまま暮らし続ける権利があるということでした。しかし、建物に物理的問題があり、大家に建物を建替える資力がないことなどを考えると、問題解決は難しいそうです。今後、大家との交渉が上手くいかないときは、裁判も考えなければならないことも知りました。

　Eさん夫婦は、住み替えの可能性についても考えてみました。他の賃貸住宅、公営住宅という策もありますが、立地や年齢の問題があります。高齢者向けの賃貸住宅「サービス付き高齢者向け住宅」Q3 もあるようですが、夫婦二人での入居は難しいようです。介護付き施設への入居も考えましたが、介護を必要としない状態で入れる施設は非常に高額でした。子どもに迷惑はかけたくないが、子ども名義で賃借契約する方法、大家が代替住宅の確保や立退料 Q17 を支払う方法もあるようですが、大変面倒でつらい気持ちになりそうです。→Q3 (P45)
→Q17 (P48)

　しかし、このままブルーシートのかかる屋根の下で暮らすわけにもいきません。もう少し夫婦で話し合った上で、公営住宅や他の賃貸住宅への住み替えを中心に、住み替え先をさがしてみようと思います。

高齢期の住まいとリスク　チェックリスト

～高齢期も自宅に住み続けるために～

＊具体的に住まいで起こるかもしれない問題をチェックしましょう

現在あなたの住まいは？…　戸建て／マンション　築（　50　）年

10年後に住みたいのは？…　自宅／駅前マンション／高齢者施設への住み替え／その他

あなたと共に住まいも一緒に年を重ねていきます。これからも自宅で住み続けるために、住まいと暮しを見直してみませんか。まずこのチェックリストで始めてみましょう。

住まい　＊自宅のリスクをチェックしましょう

自宅内部

安全な日常・バリアフリー

＊自宅内で危ない！と感じるのはどのような所ですか……居間／寝室／廊下／階段／玄関／
風呂／トイレ／その他（　つくりがわるし、2階は使えるか　）

＊自宅内で、どのような場面が危ない！と感じますか…段差がある／狭い／手すりがない／床材が
滑りやすい／暗い所がある／その他（　　　　　　　　）

＊背の高い家具に転倒防止対策をしていますか…している／まだしていない

＊玄関に歩行器や車いすが置ける場所がありますか……ある／狭い／物を置いている

温度環境・利用のしやすさ

＊温度差を感じる場所はありますか…廊下／居間／寝室／トイレ／浴室／脱衣所／その他

＊（部屋・床・壁）の傾きなど、不備を感じる場所はありますか…居間／寝室／廊下／その他

＊トイレ・浴室の利用に負担になっていることがありませんか…高さが負担（便器／浴槽）／
出入口の段差／扉の開閉／その他

設備の導入・更新

＊コンセントの数は足りていますか…はい／いいえ　少ないと思う場所…居間／寝室／その他

＊設備機器が古くなって使いづらくないですか……キッチン（コンロ）／冷暖房機器／扇風機／その他

余剰空間の活用

＊使っていない部屋やスペースがある……子供部屋／その他の場所

自宅外部

特に戸建ての場合

＊築年月日は1981年（昭和56年）6月以降ですか……はい／いいえ
（建築基準法改正により1981年5月以前の建物は旧耐震基準となり、耐震性能に開きがある）

＊改築して壁や柱を一部撤去したことがありますか…ない／ある（　　　　　　　）年ごろ

＊玄関から道路まで安心して移動できますか……階段がある／モノを置いている

＊木の部分の腐食・クラック・水漏れのシミがあって気になる……柱／外壁／その他　天井

＊庭の手入れをおっくうだと感じ、放置していませんか……手入れはできる／負担／業者に依頼

特にマンションの場合

＊エレベーターはありますか……ある／ない

＊管理規約や使用細則が手元にありますか……ある／もらったが紛失／知らない

＊リフォームには一定の制限があると知っていますか……知っている／知らない

環　境　＊このまま住み続けられるか近隣のリスクをチェックしましょう

地域・日常生活

- ＊今までに大きな災害に見舞われたことがありますか……地震／火災／台風／　その他
- ＊ハザードマップで、自宅地域の危険性を知っていますか……水害／地滑り／高潮／その他（　　　　）
- ＊災害時の避難所・移動手段などを確認していますか……知っている／(知らない)
- ＊利用しやすい店舗―食料品・日用品・薬局が近くにありますか……(ある)／ない
- ＊最寄りの交通機関は近いですか……電車の駅／バスの停留所
　　最寄り駅（　　）駅　家から徒歩（　/５　）分

豊かなコミュニケーション

- ＊家族、親しい友人、近隣の人がいて、相談できますか…(できる)／近隣にいない／できない
- ＊外に出かける機会や、人を招く機会が減っていませんか…最近減った／(変わらない)／増えた
- ＊自宅以外、週に何回か楽しみに出かける場所を見つけていますか…喫茶店／居場所カフェ／地域・趣味のサークル／図書館／スポーツ施設／(ボランティア活動)／その他(散歩に行く公園)
- ＊ペットの世話が負担になっても、最後まで看取る自信がありますか…ある／(ない)

医療・介護　＊これからのため医療・介護をチェックしましょう

医療について

- ＊かかりつけの医療機関がありますか…(ある)／(近所の内科　　　　　)病院／診療所／(医院)／ない
- ＊入院・手術等の時、代わって手続きをしてくれる人がいますか…いる／(いない)

介護について

- ＊地域の民生委員や地域包括支援センターを知っていますか…はい／(いいえ)
- ＊日常生活・金銭管理・福祉サービス等、困った時に相談できる「日常生活自立支援事業の団体」があります。近隣においては、窓口が市・区の社会福祉協議会となっています。知っていますか……はい／(いいえ)

お　金　＊家計についてのリスクをチェックしましょう

我が家の家計について

- ＊家族と、お金の話、相続の話、をしたことがありますか………話す／(話題にしない)
- ＊世帯の収入を把握していますか（年金・他の収入）
　　年金（20万円弱　）／月　他の収入額（　10万円弱　）円

セカンドライフへの貯えについて

- ＊住宅にかかる費用を、具体的に知っていますか（税金・保険・賃借料等）…
　　税金（　　　）円　保険（　　　）円　賃借料(家賃)等（68,000）月円　管理費（　　　）円
- ＊住まいのリフォーム、その資金を準備していますか
　　預貯金（　　　　　）円　借家なので準備していない
- ＊住み替えるときには自宅の売却も必要です。価格査定をしたことがありますか…(ない)／
　　ある場合の査定額　　年　月　日（　　　　　　　）円

＊各場面の相談先は裏面に記載しておりますのでご参照ください。

> メモ　チェック項目に加えて気になった事をMEMOしましょう。
>
> 今の借家に住みつづけたいが、無理な場合は、どんな住み
> 替えができるか、選択肢とそのデメリットを知っておかねば。それと
> 手続、その流れも心要かも。

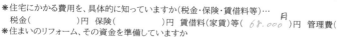

4 自宅に住み続けるリスク

4−1 持ち家に住み続けるリスク

・持ち家が「負」の不動産になるリスク

　2019 年に総務省統計局が公表した「平成 30 年住宅・土地統計調査－住宅及び世帯に関する基本集計－結果の概要」[9]によれば、2018 年 10 月 1 日現在における日本の総住宅数は 6240 万 7 千戸、総世帯数は 5400 万 1 千世帯で、1 世帯当たりの住宅数は 1.16 戸でした。総住宅数を居住世帯の有無別にみると、居住世帯のある住宅は 5361 万 6 千戸（住宅総数に占める割合 85.9%）、居住世帯のない住宅は 879 万 1 千戸（同 14.1%）でした。この別荘なども含む居住世帯のない住宅ですが、空き家が 848 万 9 千戸（住宅総数に占める空き家率 13.6%）と年々増加し続けています。

　上記の居住世帯のある住宅のうち、持ち家は 3280 万 2 千戸（住宅総数に占める持ち家住宅率 61.2%）ですが、65 歳以上の高齢者のいる主世帯 2253 万 4 千世帯についてみると、持ち家が 1848 万 9 千世帯で、高齢者のいる世帯に占める割合は 82.1% もあります。ただし、高齢単身世帯 638 万世帯をみると、持ち家は 422 万 5 千世帯（66.2%）であり、持ち家率が低くなります。

　いずれにしても、高齢者世帯における持ち家率が高い背景には、マイホーム神話のもと、マイホームを手に入れるために必死に働いてきた世代であり、家は価値ある資産という意識が強いからだと思われます。しかし、実際には、家の老朽化に伴って維持費など出費がかさんだり、子世代である 40 代～50 代の持ち家率は高く、親の所有していた家が不要になったりしています。その家を売ったり貸したりできれば良いですが、上述した空き家率の増加からも分かるように、全国的に家が余っているため難しく「負」動産になるリスクがあるということになります。

・不動産（土地・建物）を「負」動産にしないために

　親が元気なうちに、親の持ち家を将来どうするかについて、親子で話合って

---

[9] https://www.stat.go.jp/data/jyutaku/2018/pdf/kihon_gaiyou.pdf

おくことが重要です。特に、親の住む家が祖父母の代以前の土地・建物である場合には、不動産登記簿の所有者名義を確認することが必要です。祖父名義のままになっている場合、親の兄弟やその子どもたちも相続人となり、手続きが煩雑になります。特に、土地や家を売ろうとする場合には、これら相続人全員の同意が必要となり、売るに売れないという事態にもなりかねません。

　親の持ち家が戸建て住宅である場合には、隣家との土地の境界線を確認しておく必要があります。敷地に永久境界標 Q12 が設置されていたり、境界確定書 Q13 があったりすれば安心ですが、境界線が曖昧だと所有土地の範囲が明確でないため、売却や家の建て替えが難しくなる危険性があります。

→Q12
(P47)

→Q13
(P47)

　マンションの場合には、管理組合の活動状況、修繕積立金の額、大規模修繕の実施状況、長期修繕計画などを確認する必要があります。親の所有する専有部分を売ったり貸したりする場合やリフォームしたりする場合、管理規約で制限されていたりする可能性もあります。また、マンションの建物や設備が適切に管理されていない場合、マンションの老朽化が急速に進むことになりますが、マンションの場合には所有者が多数いるため建て替えは非常に難しく、「負」動産になるリスクが高いということも知っておきましょう。ちなみに、国土交通省の調査によると、2019 年末時点で築 40 年超のマンションは 91 万8000 戸、2019 年 4 月時点で建て替えられたのは 1 万 9200 戸程度にすぎないとのことです。

・所有者不明土地や管理不全の土地・建物に対応するために

　人口減少等の進展に伴う土地利用ニーズの低下等を背景に所有者不明土地や管理不全の土地が増加しています。2017 年の国土交通省調査によれば、全国に所有者不明土地が 22％あり、所有者不明の原因は相続登記の未了 66％、所有者の住所変更登記の未了 34％とのことです。所有者不明の土地や建物が放置されると、隣接する土地・建物に悪影響を及ぼしたり、倒木や建物倒壊など近隣住民に危険を及ぼしたりするかも知れません。

　このような事態に対応するため、2014 年には「空家等対策の推進に関する特別措置法」が制定され、2020 年には土地基本法および国土調査法等が改正されました。さらに、2021 年には民法の一部改正、不動産登記法の改正、相

続土地国庫帰属法が制定されました[10]。不動産登記法の改正では、所有者不明不動産の発生予防のため、相続登記および住所変更登記の申請義務化と登記手続きの簡素化・合理化が定められ、相続土地国庫帰属法では、相続等により土地の所有権を取得した者が、法務大臣の承認を受けて、土地の所有権を国庫に帰属させることができる制度が創設されました。民法の一部改正では、所有者不明土地管理制度 Q14 等が創設されるとともに、共有 Q15 者が不明な場合の共有地の利用の円滑化や長期間経過後の遺産分割の見直しなどが行われました。これら新しい制度は、原則として 2 年以内に施行されることになっていますが、相続登記の義務化は 3 年以内、住所変更義務化は 5 年以内の施行となっています。

　いずれにしても、親が元気なうちに、親の持ち家を将来どうするかについて、親子で話し合っておくことが重要です。むしろ家屋やマンションの老朽化のリスクを考えると、親の家に子ども達が住む予定がない場合には、親が元気なうちに売却することも選択肢の一つと言えます。

4－2　借家に住み続けるリスク

・借家の種別と現状

　2019 年に総務省統計局が公表した「平成 30 年住宅・土地統計調査－住宅及び世帯に関する基本集計－結果の概要」[11]によれば、2018 年 10 月 1 日現在における日本の総住宅数は 6240 万 7 千戸、借家は 1906 万 5 千戸（住宅総数に占める割合 35.6％）でした。これに対し、65 歳以上の高齢者のいる主世帯 2253 万 4 千世帯の場合、借家は 400 万 9 千世帯（17.8％）ですが、高齢単身世帯 638 万世帯では、借家が 213 万 7 千世帯（33.5％）と多くなります。

　居住世帯のある借家 1906 万 5 千戸の内訳をみると、民営借家が 1529 万 5 千戸（住宅総数に占める割合 28.5％）と最も多く、次いで公営の借家が 192 万 2 千戸（3.6％）、給与住宅が 110 万戸（2.1％）、都市再生機構（UR）・公社の借家が 74 万 7 千戸（1.4％）となっています。借家の 1 月あたり平均家

---

[10] https://www.moj.go.jp/content/001347356.pdf
[11] https://www.stat.go.jp/data/jyutaku/2018/pdf/kihon_gaiyou.pdf

賃額は、民営借家（木造）52,062円、民営（非木造）64,041円、公営借家23,203円、給与住宅34,049円、都市再生機構・公社借家69,897円でした。

・民営借家の場合

　2017年5月に成立した「民法の一部を改正する法律」が2020年4月1日から施行されています。この改正では、例えばアパートやマンションの部屋を借りて賃料を支払うという借家契約に関して、従来から判例・学説で言われてきたことが条文に明記されました[12]。

① 賃貸借継続中

　借りている建物が雨漏りしたり、設置されている給湯器やエアコンが故障したりして修繕が必要な場合でも、賃借物は賃貸人（家主）のものですから、賃借人（借家人）が勝手に手を加えることはできません。しかし、家主が修繕の必要性を知ったにもかかわらず、相当の期間内に必要な修繕をしないとき、または急迫の事情があるときには、借家人が建物や設備を修繕することができ、家主から責任を追及されることはありません。

　建物の賃貸借契約が続いている間に建物の所有者が代わった場合、原則として新たな所有者が家主となります。ただし、新たな所有者が借家人に対して家賃を請求するためには、建物の所有権移転登記が必要です。新たな所有者が登記を備えていない間は、借家人は家賃を従前の家主に支払うことも、法務局に供託Q16することもできます。

→Q16
(P48)

② 借家からの立退き

　家主が借家人に対して明渡しを求めるためには、借地借家法28条の「正当事由」が必要です。正当事由の有無の判断は、①家主と借家人の自己使用の必要性、②借家の従前の経過（借家人による家賃滞納や迷惑行為、家主の修繕義務懈怠など）、③建物の利用状況（借家人が居住せず倉庫代わりに使用するなどの目的外使用）、④建物の現況（新耐震基準をクリアしていない場合など）、⑤立退料Q17の提示の5点を総合的に考慮して行われます。

→Q17
(P48)

　したがって、借家人は、長年居住してきた借家が老朽化した場合でも、家主に家賃を支払い続けてきたときは、簡単に追い出されることはありません。老

---

[12] https://www.moj.go.jp/content/ 001289628.pdf

朽化による建物の建て替えの場合も同様ですから、住み替え先を紹介してもらうことも含め、必要に応じて家主と話し合いましょう。

③ 賃貸借終了時

借家人は、借家に入居した後に生じた損傷について原状回復（元の状態に戻す）義務を負いますが、通常損耗や経年変化については原状回復義務を負いません。通常損耗・経年変化に当たる例としては、家具の設置による床やカーペットのへこみ、テレビや冷蔵庫などの後部壁面の黒ずみ、地震で破損したガラスなどがあります。これに当たらない例としては、引っ越し作業で生じたキズ、日常の不適切な手入れや用法違反による設備等の毀損などがあります。

敷金は、その名称いかんにかかわらず、賃貸借契約が終了して借家が家主に返還された時点で、それまでに生じた金銭債務の額を控除した上で、家主から借家人に対し返還しなければならないことになっています。

・**公営借家の場合**

2011年の「地域主権改革の推進に基づく公営住宅法の改正」によって、公営住宅および共同施設の整備基準は、事業主体が条例で制定することになりました。また、同居親族要件は廃止され、必要な制限や入居収入基準は事業主体が条例で制定することになりました。

2017年には、公営住宅法改正によって、公営住宅入居者である認知症患者等の収入申告義務が免除されるとともに、公営住宅の明渡請求の対象となる高額所得者の収入基準を条例で定めることが可能となりました。また、住宅セーフティネット法の改正によって、住宅確保要配慮者向け賃貸住宅の登録制度が創設され、登録住宅の改修・入居への経済的支援や住宅確保要配慮者のマッチング・入居支援が実施されることになりました。さらに、民法改正や身寄りのない高齢単身者の増加等を踏まえ、保証人の確保を公営住宅入居の際の前提とすることから転換すべきとの考えのもと、兵庫県のように、公営住宅入居者の連帯保証人制度を廃止する自治体も出てきています。

公営住宅が老朽化し建て替えが必要となった場合、入居者は退去しなければならなくなりますが、他の公営住宅の住戸を複数紹介されます。その中から適切と思われる住戸を選ぶことになりますが、人気の高い住戸については抽選となります。

5 用語解説

Q1 専業主婦世帯

2014年までは、夫が非農林業雇用者で妻が非就業者（非労働力人口および完全失業者）の世帯、2019年は、就業状態の分類区分の変更に伴い、夫が非農林業雇用者で妻が非就業者（非労働者人口または失業者）の世帯を意味しています。なお、世帯数は2001年以前の総務庁「労働力調査特別調査」（各年2月）、2002年以降の総務省統計局「労働力調査（詳細集計）」によるものです。

Q2 特別養護老人ホーム

身体上または精神上著しい障害があるため常時の介護を必要とする65歳以上の者であって、居宅で常時の介護を受けることが困難な者を入所させる施設です。介護保険法では、介護老人福祉施設と言われています。なお、中重度の要介護者を支える機能を重視する観点から、2015年4月以降、新規入所者は、原則として要介護度3以上の者に限定されています。

Q3 サービス付き高齢者向け住宅

2011年の高齢者住まい法改正により創設された制度で、都道府県知事に登録するものです。登録基準として、住宅に関する基準（床面積25㎡以上、バリアフリー）、サービスに関する基準（安否確認・生活相談サービスの提供）、契約に関する基準が定められています。

Q4 介護付き有料老人ホーム

有料老人ホームは、高齢者を入居させ、入浴や排せつ等の介護、食事の提供、その他の日常生活上必要な便宜を供与する事業を行う施設です。介護保険の特定施設入居者生活介護の指定を受けて介護等のサービスを提供するのが「介護付き」有料老人ホームです。そのほか、生活支援等のサービスを提供する「住宅型」、食事等のサービスを提供する「健康型」があります。

Q5 健康寿命

健康上の問題で日常生活が制限されることなく生活できる期間のことです。

2019年に公表された「健康寿命延伸プラン」では、全ての人の健やかな生活習慣形成等、疾病予防・重症化予防、介護予防・フレイル対策・認知症予防の3分野を中心に取り組むことで、2040年までに健康寿命を男女共に75歳以上とすることを目指しています。

Q6　ヒートショック

気温の変化によって血圧が上昇し、心臓や血管の疾患が起こることをヒートショックと言います。冬場に暖房の効いた部屋から脱衣所に移動し浴室に入る場合やトイレで起こりやすく、10℃以上の温度差がある場合は危険とされていますので、注意が必要です。

Q7　マンション管理の種類

自主管理：住民自らが主体的にすべての管理事務を行う方法です。費用が安く抑えられ、住民同士の連帯感が生まれます。すべての管理業務を住民が行うため負担が大きくなり、理事のなり手が不足しがちです。

一部委託管理：一部の管理業務を管理会社に委託する方法です。負担の大きい管理業務だけを委託することで費用を抑えられます。自主的な管理意識の高まりはありますが、管理会社への委託費用が発生します。

全部委託管理：管理業務を一括して管理業者に委託する方法です。少ない理事で対応ができ、専門的でスムーズな管理組合運営ができます。管理会社への委託費用が発生するとともに、住民の管理意識は低くなりがちです。信頼できる管理会社の選択が重要になります。

Q8　地域包括支援センター

介護や福祉に関する地域の総合相談窓口として、保健師・看護師・主任ケアマネジャー・社会福祉士などの専門職が、介護予防ケアプランの作成やサービス利用の支援を行います。介護や福祉に関する相談に応じたり、高齢者を支える地域づくりを進めたりするほか、虐待防止など高齢者の権利を守る取り組みなど、高齢者の生活を支える業務を行っています。

Q9　日常生活自立支援事業

都道府県や社会福祉協議会が行っている事業で、認知症高齢者・知的障害者・精神障害者など、判断能力の不十分な方を対象としています。福祉サービス・苦情解決制度の利用支援、行政手続に関する支援のほか、日常生活費の管理や定期的な訪問による生活変化の察知などを行います。

Q10　フレイル

加齢により心身が老い衰えた状態のことを言います。 ただし、早く介入して適切な生活改善や治療を行えば、元の健常な状態に戻る可能性があります。すなわち、健康な状態と支援・介護が必要な状態との中間地点ということです。無料でフレイル診断を行っている自治体もあります。フレイルチェックで現在の体力と筋力を確認し、フレイル予防を意識した生活をおくりましょう。

Q11　内水氾濫

市街地などに想定以上に雨が降り、降った雨が排水路や雨水処理能力を超えてしまった場合、雨で川の水位が上昇して市街地などの水を川に排水できない場合、街などに水があふれてしまう浸水被害のことです。近年、都市化の進展、ゲリラ豪雨などの多発、放流河川の能力不足、地下における土地利用の高度化により、都市型の内水氾濫のリスクが高まっています。

Q12　永久境界標

隣地との境界を定めるにあたって、登記簿・地図・公図など法務局や役所に保管されている資料を基に、土地および周辺を調査・測量し、境界点の位置に仮杭を設置します。その後、境界を定めるにあたって、関係する隣地の所有者や役所の担当者を招き、現地で境界を確認し、双方が納得した上でコンクリートの杭などで永久境界線を設置します。

Q13　境界確認書

隣地との土地の境界をはっきりさせるために測量（境界確定測量）を行い、その結果確定した境界を証明する書類のことです。また、正しい境界が記載された図面のことを「境界確定図」と言います。境界確認書および境界確定図があれば、土地を売却する際や相続のために土地を分割する際にも、測量・分筆

登記申請手続きを速やかに進めることができます。

Q14　所有者不明土地管理制度
　所有者不明土地・建物の管理を効率化・合理化するために、個々の所有者不明土地・建物の管理に特化した新たな財産管理制度として創設されるものです。具体的には、裁判所が個々の所有者不明土地・建物について管理命令を発令し、管理人を選任することができることとし、裁判所の許可があれば、当該土地・建物を売却することもできるようにするという制度です。

Q15　共有
　複数の人が一個の物の上の所有権を分量的に分割された権利（持分権）として有することを意味します。各共有者は、特別な合意をしていない限り、共有物の全部を使用・収益することができます。共有物の利用方法などは、共有者の持分の価格に従って過半数で決めなければならず、共有物に物理的な変更を加えたり、他に処分したりする場合には、全員の合意が必要となります。

Q16　供託
　地主や家主が受領を拒否している場合、借主は賃料を供託所に供託することで、賃料未払いの責任を問われなくなります。具体的には、供託所に備え付けの供託書（3枚1組）に必要事項を記入し、現金を添えて供託所に差し出します。供託所は、そのうち1通を供託通知書として地主や家主に送付します。なお、供託所とは、法務局・地方法務局、またはその支局・出張所のことです。

Q17　立退料
　地主や家主が賃貸借契約を終わらせようとするときに、法律上必要とされる正当事由の一つとして考慮される金銭給付のことです。立退料の価格は、相続税の路線価を基準に算定した借家権価格とされることもあれば、実際に移転に要する費用（敷金等の一時金、差額家賃、移転雑費）から算定されることもあります。なお、営業用の店舗の場合には、営業補償を考える必要があるため、立退料が高額化することになります。

6 参考文献

1. 『みんなの家族法入門』本澤巳代子・大杉麻美編著、信山社、2021 年
2. 『変わる福祉社会の論点　第 3 版』増田幸弘、三輪まどか、根岸忠編著、信山社、2021 年
3. 『国民の福祉と介護の動向　2021/2022』厚生労働統計協会・厚生労働統計協会、2021 年
4. 『最期まで自宅で暮らす 60 代からの覚悟と準備』大久保恭子著、主婦の友社、2020 年
5. 『老いた家　衰えぬ街』野澤千絵著、講談社現代新書、2018 年
6. 『70 歳からの住まい選び』小山健著、幻冬舎、2017 年
7. 『男の孤独死』長尾和宏著、ブックマン社、2017 年
8. 『老いる家　崩れる街』野澤千絵著、講談社現代新書、2016 年
9. 『2050 年超高齢社会のコミュニテイ構想』若林靖永・樋口恵子編著、岩波書店、2015 年
10. 『脳が若返る家づくり部屋づくり』、天野彰著、廣済堂出版、2013 年
11. 『「地震でも安心な家」に住みたい』日本木造住宅補強事業者協同組合編、PHP 研究所、2005 年
12. 2019 年国民生活基礎調査の概況、厚生労働省
   https://www.mhlw.go.jp/toukei/saikin/hw/k-tyosa/k-tyosa19/index.html 、2021 年 9 月 1 日確認
13. 平成 30 年度高齢者の住宅と生活環境に関する調査結果、内閣府
   https://www8.cao.go.jp/kourei/ishiki/h30/zentai/index.html、2021 年 9 月 1 日確認
14. 所有者不明土地の解消に向けた民事基本法の見直し、法務省民事局
   https://www.moj.go.jp/content/001347356.pdf、2021 年 10 月 21 日確認
15. 2020 年 4 月 1 日から賃貸借契約に関する民法のルールが変わります、法務省 https://www.moj.go.jp/content/ 001289628.pdf、2021 年 10 月 21 日確認

高齢期の住まいとリスク

～これからも自宅で住み続けるために～

　平均寿命が、男女ともに80歳を超え、「人生100年時代」が現実的になってきました。

　老後の20～30年を自宅で、どう快適に過ごせるか、元気なうちから考えておくことが、大切です。60歳以上の男女に内閣府が行った調査結果では、高齢者の8割が一戸建てや分譲マンションの持ち家に住んでいることがわかりました。また、シニアは自宅に愛着を持ち、現在の家に住み続けたい人が、多数を占めることもわかりました。

　しかし、自宅に住み続けたいという人が、多く存在する実態とは裏腹に、近い将来直面するであろう厳しい現実があるのも事実です。そのときの身体状況や、介護する人の存在の有無によっては、自宅にずっと住み続けることが難しくなるかもしれません。

　あなたと共に、住まいも一緒に年を重ねていきます。これからも自宅で住み続けるために、住まいと暮らしを見直してみませんか？

＊このチェックリストは、アクティブシニア世代である65歳から74歳ぐらいを想定し
　将来の住まいについて、まだまだ元気とつい先送りしがちなこの世代に、今の住まいの
　現実を振り返ってもらいたいと作りました。

・住まいの項目　　　　加齢とともに年々身体機能が衰えていき、自宅内外で思わぬ事故が発生することがあります。その危険性を前もってチェックして、対策をしておくことが大切です。

・環境の項目　　　　　子供の独立、定年退職、親の介護等で、暮らし方に変化の訪れる時期であっても、外出の機会を増やしたり、人を招いたりして、交流による健康維持を心がけられるか、また住む地域にハザードの危険性はないか、安全チェックしましょう。

・医療・介護の項目　　高齢化の進展に伴い、将来介護が必要になったり、入院する場合を想定して、元気なうちから準備をしていると、いざとなった時に慌てずに済みます。

・お金の項目　　　　　長いセカンドライフに備えるために、自宅のリフォームも必要となってくるかもしれません。毎月の収支の流れ、例えば食費、水道光熱費、医療費などの支出を、今一度チェックしてみることをおすすめします。

＊それぞれの設問から、将来も自宅に住み続けるためには、どのようなことが必要になるのかが、見えてくるのではないでしょうか。ぜひこのチェックリストを活用して、懸念される問題点を発見し、将来の住まいについて考えていきましょう。

> みなさんと一緒に住まいの今後を見つめる
> 「となりのミミです」
> より過ごしやすい未来を願い
> 今の自分をしっかり見つめなおすことから
> 始めませんか…

高齢期の住まいとリスク　チェックリスト

~高齢期も自宅に住み続けるために~

＊具体的に住まいで起こるかもしれない問題をチェックしましょう

現在あなたの住まいは？… 　戸建て／マンション　　築（　　　　　）年

10年後に住みたいのは？… 　自宅／駅前マンション／高齢者施設への住み替え／その他

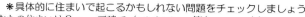

あなたと共に住まいも一緒に年を重ねていきます。これからも自宅で住み続けるために、住まいと暮しを見直してみませんか。　まずこのチェックリストで始めてみましょう。

住まい　＊自宅のリスクをチェックしましょう

自宅内部

安全な日常・バリアフリー

＊自宅内で危ない！と感じるのはどのような所ですか…… 居間／寝室／廊下／階段／玄関／
風呂／トイレ／その他（　　　　　　　　　　）

＊自宅内で、どのような場面が危ない！と感じますか……段差がある／狭い／手すりがない／床材が
滑りやすい／暗い所がある／その他（　　　　　　　　　　）

＊背の高い家具に転倒防止対策をしていますか…している／まだしていない

＊玄関に歩行器や車いすが置ける場所がありますか……ある／狭い／物を置いている

温度環境・利用のしやすさ

＊温度差を感じる場所はありますか…廊下／居間／寝室／トイレ／浴室／脱衣所／その他

＊（部屋・床・壁）の傾きなど、不備を感じる場所はありますか…居間／寝室／廊下／その他

＊トイレ・浴室の利用に負担になっていることがありませんか…高さが負担（便器／浴槽）／
出入口の段差／扉の開閉／その他

設備の導入・更新

＊コンセントの数は足りていますか… はい／いいえ　　少ないと思う場所…居間／寝室／その他

＊設備機器が古くなって使いづらくないですか……キッチン（コンロ）／冷暖房機器／扇風機／その他

余剰空間の活用

＊使っていない部屋やスペースがある……子供部屋／その他の場所

自宅外部

特に戸建ての場合

＊築年月日は1981年（昭和56年）6月以降ですか……はい／いいえ
（建築基準法改正により1981年5月以前の建物は旧耐震基準となり、耐震性能に開きがある）

＊改築して壁や柱を一部撤去したことがありますか…ない／ある　（　　　　　　　　）年ごろ

＊玄関から道路まで安心して移動できますか……階段がある／モノを置いている

＊木の部分の腐食・クラック・水漏れのシミがあって気になる……柱／外壁／　その他

＊庭の手入れをおっくうだと感じ、放置していませんか……手入れはできる／負担／業者に依頼

特にマンションの場合

＊エレベーターはありますか……ある／ない

＊管理規約や使用細則が手元にありますか……ある／もらったが紛失／知らない

＊リフォームには一定の制限があると知っていますか……知っている／知らない

環　境　＊このまま住み続けられるか近隣のリスクをチェックしましょう

地域・日常生活

- ＊今までに大きな災害に見舞われたことがありますか……地震／火災／台風／その他
- ＊ハザードマップで、自宅地域の危険性を知っていますか……水害／地滑り／高潮／その他（　　　　　　）
- ＊災害時の避難所・移動手段などを確認していますか……知っている／知らない
- ＊利用しやすい店舗―食料品・日用品・薬局が近くにありますか……ある／ない
- ＊最寄りの交通機関は近いですか……電車の駅／バスの停留所
　　最寄り駅（　　　　）駅　家から徒歩（　　　　）分

豊かなコミュニケーション

- ＊家族、親しい友人、近隣の人がいて、相談できますか…できる／近隣にいない／できない
- ＊外に出かける機会や、人を招く機会が減っていませんか…最近減った／変わらない／増えた
- ＊自宅以外、週に何回か楽しみに出かける場所を見つけていますか…喫茶店／居場所カフェ／地域・趣味のサークル／図書館／スポーツ施設／ボランティア活動／その他（　　　　　　　）
- ＊ペットの世話が負担になっても、最後まで看取る自信がありますか…ある／ない

医療・介護　＊これからのため医療・介護をチェックしましょう

医療について

- ＊かかりつけの医療機関がありますか…ある／（　　　　　　　　　　）病院／診療所／医院／ない
- ＊入院・手術等の時、代わって手続きをしてくれる人がいますか…いる／いない

介護について

- ＊地域の民生委員や地域包括支援センターを知っていますか…はい／いいえ
- ＊日常生活・金銭管理・福祉サービス等、困った時に相談できる「日常生活自立支援事業の団体」があります。
　　近隣においては、窓口が市・区の社会福祉協議会となっています。知っていますか……はい／いいえ

お　金　＊家計についてのリスクをチェックしましょう

我が家の家計について

- ＊家族と、お金の話、相続の話、をしたことがありますか………話す／話題にしない
- ＊世帯の収入を把握していますか（年金・他の収入）
　　年金（　　　　　　／月）円　他の収入額（　　　　　　　）円

セカンドライフへの貯えについて

- ＊住宅にかかる費用を、具体的に知っていますか（税金・保険・賃借料等）…
　　税金（　　　　　／年）円　保険（　　　　　／年）円
　　賃借料（家賃）等（　　　　　　　／月）円　管理費（　　　　　／月）円
- ＊住まいのリフォーム、その資金を準備していますか
　　預貯金（　　　　　　　）円
- ＊住み替えるときには自宅の売却も必要です。価格査定をしたことがありますか…ない／
　　ある場合の査定額　　年　月　日（　　　　　　　　　）円
- ✤各場面の相談先は裏面に記載しておりますのでご参照ください。

> メモ　チェック項目に加えて気になった事をMEMOしましょう。

52

各種相談 ・ 情報収集 ・ 支援機関の連絡先

困った……　～その時どこに相談すればいいですか？～

◆住まい　　　　　＊住宅の相談窓口はどこですか？

神戸市住まいと街の安心支援センター(すまいるネット)…神戸市が設置した相談所

住いに関する悩み、疑問に（一級建築士・融資・消費）相談員が電話や面談で対応します

電話【相談専用】☎078－647－9900　【事務局】☎078－647－9911

　　【相談時間】　10時～17時　※水・日・祝・年末年始除く

兵庫住まいサポートセンター…住まいサポート相談員が、県民の住まいに関する一般的な

相談情報提供します　　　　　【専門相談】住まい関係団体の専門家が相談に対応します

　電話【一般相談】☎078－360－2536　※土・日・祝・年末年始除く

　　【相談時間】10時～12時・13時～17時　（来所・電話）

　　【建築士相談】毎月第1・第3火曜　13時～16時（原則要予約制）

公益財団法人住宅リフォーム・紛争解決処理支援センターすまいるダイヤル…

国土交通大臣から指定を受けた住宅専門の相談窓口。リフォーム関連の紛争処理の支援。

電話【相談】☎0570－016－100【相談時間】10時～17時　※水・日・祝・年末年始除く

◆環境　　＊ハザードマップはどこにある？　　＊地域活動の担当先はどこ？

ハザードマップ…神戸市は各区版【暮らしの防災ガイド】を各戸配布。市・区役所に設置

防災福祉コミュニテイ…☎078－322－5754

・窓口は消防局予防部予防課・日常の防災・福祉活動

地域活動は…ふれあいまちづくり協議会・窓口は各区役所まちづくり課

◆医療・介護　　　　＊介護が必要になった時の相談窓口はどこ？

近くの地域包括支援センター（あんしんすこやかセンター）…

介護サービス最初の窓口・神戸市HPあんしんすこやかセンターで検索します

日常生活自立支援事業者…神戸市社会福祉協議会　☎078－271－5314

福祉サービスの利用契約手続き、日常のお金の出し入れ、日常生活の事務手続き、通帳証書

等の書類の保管。利用は全国の市区に設置されている社会福祉協議会へ連絡します。

◆お金のこと　　　　＊金融関係について情報収集できる窓口はどこ？

金融広報中央委員会(知るボルト)…身近なお金の知識情報サイト☎03－3279－1111

生命保険文化センター相談室…生命保険に関するお問い合わせ　☎03－5220－8520

独立行政法人住宅金融支援機構…フラット35(中古住宅購入とリフォーム工事のローン)

　　　　　　　　　　　　　　　【お客様コールセンター】☎0120－0860－35

消費生活に関する相談は…神戸市消費生活センター（消費者ホットライン）　188

相談窓口・問い合わせ先が不明な時は…神戸市総合コールセンター　078－333－3330

あとがき

　介護保険制度の導入時、阪神・淡路大震災を経験した神戸市の職員は、全国でも珍しい市民目線の取組み（介護保険テレフォンの設置、介護保険と消費者保護の連携など）を展開してくれました。婦人団体や消費者団体も、一人暮らしの高齢者だけでなく、高齢者夫婦世帯も対象にした地域の見守り活動をしてくれました。地域の見守り活動は、高齢者の孤立死を防止するだけでなく、戸別訪問による消費者被害の早期発見と被害拡大の防止にも寄与しました。

　こうした神戸市だからこそ、消費生活マスター介護問題研究会の活動を支援してくれたのだと思います。サービス付き高齢者向け住宅（サ高住）の契約は、住まいの契約だけでなく、基本サービスや付随サービスに関わる契約も含まれており、消費者保護の部局だけで対応することは困難です。住まいや医療・介護などの情報を共有できる総合相談窓口の設置が必要でした。

　そして国も、地域共生社会の実現に向けて、子どもから高齢者まで、障がい者や生活困窮者、外国人までを含めて、総合相談窓口を設置する施策を提言するようになりました。縦割り行政から横に連携することの必要性に気づいてくれたようです。40年以上前から、子どもや高齢者を1人の生活者としてとらえ、彼らを取り巻く諸問題を、縦割でなく横断的に捉えて社会的に検討すべきと考えてきた私の基本理念にも通じるものです。

　しかし、志を同じくした神戸市の職員さんが次々と定年退職してしまいました。また、神戸市の組織変更により、市民参画推進局が廃止され文化スポーツ局となった関係で、消費者生活マスターの活動を支援してきてくれた消費生活課が経済観光局所属となってしまい、消費生活マスター「介護問題研究会」の名称にまで文句を言ってくる事態となりました。このままでは、生活者の視点から介護問題と消費者問題の連携を図ってきた介護問題研究会の意味が失われてしまいます。いよいよ、神戸市から独立した第三者機関として活動することを模索しなければならない時期に来たと感じています。第2チームのブックレット公刊をした上で、新たな活動を開始したいと考えています。

　2022年5月

編著者・本澤巳代子

編著者：筑波大学医学医療系客員教授　　　　本澤巳代子
　　　　　　　　　　　　　　　（筑波大学名誉教授、法学博士）
　著　　者：消費生活マスター介護問題研究会
　消費生活マスターとは、多様化・複雑化する消費者問題に対応するため、神戸市が育成した消費者問題の解決方法の提案ができる人材です。介護問題研究会は、消費生活マスター有志により 2014 年に結成しました。本澤先生と冷水先生を指導教授として、介護と消費者問題をテーマに、フィールドワークを含む研究会活動を実施。各地での啓発講座開催とともに、リーフレット、書籍『サ高住の探し方』『サ高住の決め方』『サ高住の住み替え方』、報告書「ドイツにおける高齢者支援調査報告書」などの研究成果を発表しています。

研究会会員：
　　冨岡朝子（編集）、高松綾子（イラスト）
　　チーム１；本澤巳代子（指導）
　　　　　　　高松綾子、小笹淳、酒井恵理子、重信理子、
　　　　　　　南畑早苗、山口順子
　　チーム２：冷水登紀代（指導）甲南大学法学研究科教授、
　　　　　　　濵本久恵、冨岡朝子、幸千尋、森下雅子

　協　　　　力：神戸市消費生活課消費生活マスター事務局

高齢期の住まいとリスク
——自宅に住み続けるために——

2022（令和4）年5月30日　第1版第1刷発行

8685:P56 ¥800E-012-008-002

編著者　本 澤 巳 代 子
著　者　消費生活マスター介護問題研究会
発行者　今井　貴稲葉文子
発行所　株式会社 信 山 社
〒113-0033 東京都文京区本郷 6-2-9-102
Tel 03-3818-1019　Fax 03-3818-0344
henshu@shinzansha.co.jp
笠間才木支店 〒309-1611 茨城県笠間市笠間515-3
Tel 0296-71-9081　Fax 0296-71-9082
笠間来栖支店 〒309-1625 茨城県笠間市来栖2345-1
Tel 0296-71-0215　Fax 0296-71-5410
出版契約No.2022-8685-4-01011 Printed in Japan